公衆衛生学【1】～【9】		食品学【10】～【15】		栄養学【16】～【24】		食品衛生学【25】～【39】		調理理論【40】～【57】		食文化概論【58】～【60】	
1回目 /9問	2回目 /9問	1回目 /6問	2回目 /6問	1回目 /9問	2回目 /9問	1回目 /15問	2回目 /15問	1回目 /18問	2回目 /18問	1回目 /3問	2回目 /3問

1回目 2回目

【1】 衛生統計に関する用語の説明として、誤っているものを選びなさい。

(1) 出生率──人口 1,000 人に対する出生数

(2) 老年人口指数── 100 人の生産年齢人口（15 ～ 64 歳）が支える高齢者の数

(3) 従属人口指数── 100 人の生産年齢人口（15 ～ 64 歳）が支える子どもの数

(4) 乳児死亡率──出生 1,000 人に対する 1 歳未満の者の死亡数

【2】 SDGs（エスディージーズ）についての説明で正しいものを一つ選びなさい。

(1) 食糧安全保障に関する宣言。　　　　　　(2) 国際連合食糧農業機関（FAO）の活動。

(3) 国連で決めた持続可能な開発目標。　　　(4) 国連世界食糧計画（WFP）の一つ。

【3】 次の記述で、正しいものを選びなさい。

(1) 一酸化炭素中毒の症状は、足の痛みが起こることが多い。　　(2) 人間にとって快適な湿度は、20％前後である。

(3) 紫外線の殺菌効果は、ほこりや蒸気により阻害される。　　(4) 室温が 30℃以上になると、温度調節が必要になる。

【4】 大気汚染物質とその説明に関する記述で、正しいものを選びなさい。

(1) 一酸化炭素は、刺激臭のある気体である。

(2) 二酸化硫黄は、肺における発がん性が証明されている。

(3) 二酸化窒素は、公害病の四日市ぜんそくの原因物質である。

(4) 光化学オキシダントは、窒素酸化化合物などの一次汚染物質に紫外線が作用して発生するものである。

【5】 母子保健法に規定されていないものを選びなさい。

(1) 母子健康手帳の交付　　(2) 1 歳 6 カ月児に対する健康診査　　(3) 3 歳児に対する健康診査　　(4) 子宮がん検診

【6】 学校給食に関する記述で、誤っているものを選びなさい。

(1) 学校給食は、学校保健安全法の規定に基づいて実施されている。

(2) 児童・生徒の心身の健全な発達と食に関する正しい理解と適切な判断力を養うことを目的とする。

(3) 全国の学校給食で完全給食の普及率は、令和 3 年で小学校が 98.7％、中学校が 89.1％である。

(4) 伝統的な食文化について理解を深めることは、学校給食の目標の一つである。

【7】 資源再利用のための法律と対象資源の組み合わせのうち、誤っているものを一つ選びなさい。

(1) 小型家電リサイクル法──携帯電話、デジタルカメラ、ゲーム機など

(2) 容器包装リサイクル法──ペットボトル、段ボール、プラスチック製品など

(3) 家電リサイクル法───テレビ、エアコン、洗濯機など

(4) 資源有効利用促進法──魚、果物、野菜など

【8】 法規とその内容として、正しい組み合わせを選びなさい。

(1) 食品衛生法──特定給食施設の栄養管理　　(2) 健康増進法──特定健診・特定保健指導

(3) 労働基準法──中学校職員の健康診断　　(4) 労働安全衛生法──定期健康診断の実施

【9】 調理師法の規定で、絶対的欠格事由（免許を与えない）を選びなさい。

(1) 麻薬、あへん、大麻又は覚せい剤の中毒者　　　　(2) 罰金以上の刑に処せられた者

(3) 調理師免許を取り消されたときから、1 年を経過しない者　　(4) 看護師免許を有する者

【10】 乳製品に関する記述で、正しいものを選びなさい。

(1) プロセスチーズは、牛乳から分離したカゼインを発酵させて製造される。

(2) 低脂肪牛乳は、無脂乳固形分 8.0％以上、乳脂肪分 0.5％未満と規格が定められている。

(3) アイスクリームは、乳固形分 10.0％以上、乳脂肪分 3.0％以上と規格が定められている。

(4) 無糖練乳は、牛乳をそのまま濃縮したもので、エバミルクとも呼ばれる。

【11】 魚肉に関する記述で、正しいものを選びなさい。

(1) 赤身魚の肉色は、アントシアニンによる。　　　　(2) 血合い肉は、普通肉に比べ脂質の含有割合が低い。

(3) 煮魚の煮こごりは、魚肉に含まれるコラーゲンに由来する。(4) 魚の筋原線維たんぱく質の主成分は、エラスチンである。

【12】香辛料と辛味成分に関する記述で、正しいものを選びなさい。

(1) とうがらしの辛味成分は、アリルイソチオシアネートである。　　(2) わさびの辛味成分は、カプサイシンである。

(3) こしょうの辛味成分は、チャビシンやピペリンである。　　　　　(4) しょうがの辛味成分は、サンショールである。

【13】次のうち、誤っている組み合わせを選びなさい。

(1) 白玉粉―もち米の粉　　(2) 道明寺粉―もち米の粉　　(3) 上新粉―大麦の粉　　(4) タピオカ―キャッサバのでんぷん

【14】食品の貯蔵方法に関する記述で、正しいものを選びなさい。

(1) 冷蔵により、食品中の酵素の作用を停止させることが可能である。

(2) 青果物の種類によっては、0〜10℃の低温保蔵で品質劣化を起こすことがある。

(3) CA貯蔵とは、ラミネートフィルムを用い食品を長期保存する方法である。

(4) 食品を急速冷凍すると、解凍したときにドリップが生じやすい。

【15】食品加工に利用する微生物と主な加工品として、誤っている組み合わせを選びなさい。

(1) 細菌――納豆、ヨーグルト　　(2) カビと酵母――清酒

(3) 細菌と酵母――かつお節　　(4) カビと酵母と細菌――しょうゆ、みそ

【16】基礎代謝に関する記述で、正しいものを選びなさい。

(1) 男性は女性より基礎代謝量が低い。　　(2) 老人は青年より基礎代謝量が高い。

(3) 発熱しているときは、基礎代謝量が低い。　　(4) 栄養状態が悪いときは、基礎代謝量が低い。

【17】人体を構成する成分に関する記述で、正しいものを選びなさい。

(1) 人体は、酸素・炭素・水素・窒素の4種類の元素で構成されている。

(2) 人体に最も多く存在する成分は脂質である。

(3) 人体には糖質はわずかしか含まれないが、食事の中には多く含まれる。

(4) 人体を構成するたんぱく質は、入れ替わることはない。

【18】必須アミノ酸に関する記述で、誤っているものを選びなさい。

(1) 体内で合成することができないので、食物からとらなくてはいけない。

(2) 主として、卵、乳、魚、肉類などに多く含まれる。

(3) 種類は、ヒスチジンも含めて9種類ある。

(4) 米や小麦に含まれるもののうち、最も含有量が少ないのはトリプトファンである。

【19】ビタミンの性質と、それを多く含む食品として、正しい組み合わせを選びなさい。

(1) ビタミンB_2――水に溶ける――肉類　　(2) ビタミンA――熱に不安定――きのこ類

(3) ビタミンD――酸素に弱い――豆類　　(4) ビタミンB_1――油に溶ける――胚芽

【20】次のうち、誤っているものを選びなさい。

(1) カルシウムは、牛乳や乳製品、小魚、海藻に多く、歯や骨をつくる。

(2) 鉄は、レバーや肉、卵、緑黄色野菜に多く含まれ、血液中のヘモグロビンの構成成分である。

(3) カリウムは、いも類や野菜、豆類、果物、海産物に多く、通常の食生活では欠乏症は起きない。

(4) ヨウ素は、血液をつくる材料である。

【21】消化液と消化酵素、分解される物質として、誤っている組み合わせを選びなさい。

(1) 唾液――αアミラーゼ――麦芽糖　　　　　(2) 胃液――ペプシン――たんぱく質

(3) すい液――リパーゼ――トリアシルグリセロール　(4) 腸液――サッカラーゼ――ショ糖

【22】肥満に関する記述で、誤っているものを選びなさい。

(1) 日本肥満学会では、BMI22以上を肥満と判定する。

(2) 脂肪細胞が多いほど減量が難しいとされる。

(3) 肥満治療としては、食事療法と運動療法があり、薬剤は副作用などの問題があり、好ましくない。

(4) 食事療法は、2型糖尿病の食事と同じ考えでよい。

【23】治療食に関する記述で、誤っているものを選びなさい。

(1) 痛風の人は、プリン体を多く含む内臓や獣鳥肉類を避け、アルコールの飲み過ぎに注意する。

(2) 心臓病の人は、高血圧の食事に準じるが、飽和脂肪酸の多い青魚は中性脂肪を減らすなどの効果が期待でき、動脈硬化の予防になるので多めにとる。

(3) 貧血の人は、高たんぱく食とし、エネルギー、鉄分をはじめ、銅などの各種無機質、各種ビタミンを十分摂取する。

(4) 高血圧症の人は、適量の動物性食品（脂肪の多い肉は避ける）に野菜、いも、豆、海藻などを豊富に用い、無機質、ビタミン、食物繊維が不足しないようにする。

1回目 2回目

【24】食事バランスガイドに関する記述について、正しいものを一つ選びなさい。
(1) 1回の食事で摂取する料理の組み合わせを示している。
(2) 主食、副菜、主菜、果物の4つの料理を区分している。
(3) 主食の1SVの目安は、主材料に由来する炭水化物40gである。
(4) 水やお茶をコマの「ヒモ」で表現している。

【25】食品衛生行政に関する記述で、誤っているものを選びなさい。
(1) 食品衛生法では、食品だけでなく食品添加物、器具、容器包装も対象となる。
(2) 食品衛生法には食品等事業者の責務が明記されている。
(3) 食品安全委員会は厚生労働省に設置されており、食品のリスク評価（食品健康影響評価）を実施している。
(4) 食品衛生法でいう食品とは、すべての飲食物のことを指すが、医薬品医療機器等法に規定する医薬品・医薬部外品・再生医療等製品はこれに含まれない。

【26】サルモネラ属菌食中毒に関する記述について、誤っているものを一つ選びなさい。
(1) 食肉（特に鶏肉）や鶏卵のほか、魚介類などが感染源となる。
(2) 通常の加熱調理条件（中心温度75℃1分以上）で死滅する。
(3) ノロウイルスと同様に冬場に多く発生する傾向にある。
(4) 少量の菌でも発症し、乾燥に強い性質がある。

【27】自然毒に関する記述で、誤っているものを選びなさい。
(1) 有毒プランクトンは、麻痺性貝毒の原因物質である。 (2) テトロドトキシンは、フグ中毒の原因物質である。
(3) ソラニンは、じゃがいもの毒成分である。 (4) アミグダリンは、毒きのこ中毒の原因物質である。

【28】次のうち、誤っている組み合わせを選びなさい。
(1) 有鉤条虫──食肉から感染する。 (2) 肺吸虫──サワガニ・モクズガニといった魚介類を中間宿主とする。
(3) 日本海裂頭条虫──日本近海のサケやマスを中間宿主とする。 (4) 無鉤条虫──魚介類を中間宿主とする。

【29】食品の腐敗に関する記述で、正しいものを選びなさい。
(1) 肉の腐敗臭である硫化水素やアンモニアを発生するのは、肉に含まれるたんぱく質と糖質のメイラード反応による。
(2) 腐敗に関する微生物には細菌の他、カビや酵母がある。
(3) 変敗は、炭水化物が分解されてアルコールを生成する現象である。 (4) 食品は、低温で保存すれば腐敗することはない。

【30】食中毒に関する記述で、誤っているものを選びなさい。
(1) 食中毒はその原因によって、細菌性食中毒、ウイルス性食中毒、化学性食中毒及び自然毒食中毒、寄生虫食中毒に分けられる。
(2) 細菌性食中毒は、気温が高くなり湿度が上がると起こりやすくなる。
(3) カンピロバクター、サルモネラ属菌は細菌性の毒素型に分類される。
(4) 食中毒発生の原因施設は、事件数、患者数とも飲食店が多い。

【31】ノロウイルスに関する記述で、正しいものを選びなさい。
(1) 食品中や二枚貝の体内で増殖する。 (2) ノロウイルス食中毒は、夏季よりも冬季に多く発症する。
(3) 感染した場合の主な症状は血便であり、重症化すると溶血性尿毒症症候群（HUS）を併発する。
(4) 感染してから発病するまでの潜伏期間は非常に短く、3時間程度である。

【32】殺菌に関する記述で、誤っているものを選びなさい。
(1) 滅菌は、腐敗に関与する微生物を死滅させ、あるいは発育を阻止することにより腐敗を防止する目的で行われる。
(2) 逆性石けん（陽性石けん）は洗浄力はほとんどないが、殺菌力は非常に強い。
(3) アルコールは、手指や器具の消毒に用いるが、純アルコールより約70％溶液のほうが消毒力は強い。
(4) 紫外線消毒は、まな板、包丁などの消毒に用いるが、その効果は表面だけである。

【33】廃棄物の分類及び処理に関する記述について、正しいものを一つ選びなさい。
(1) 事業活動に伴って生じた廃棄物は、すべて産業廃棄物である。
(2) 工場などの事業活動によって排出されるごみを経済廃棄物という。
(3) 一般家庭の日常生活によって排出されるごみは市町村が処理する。
(4) 工場などの事業活動によって排出されるごみは都道府県が処理する。

【34】食品の水分活性に関する記述で、誤っているものを選びなさい。
(1) 食品の水分活性とは、食品との結合が非常に弱い「自由水」と呼ばれる水分で、「水分活性値」という値で示される。
(2) 一般的に食品の水分活性が低ければ、微生物は増殖しにくい。
(3) 生魚や生野菜の水分活性は、ビスケットの水分活性に比べて低い。
(4) ジャムは糖分が多く、自由水が少ないため、保存がきく食品である。

1回目 2回目

【35】次の病原体と感染症の組み合わせのうち、正しいものを選びなさい。
(1) 細菌——結核・レジオネラ症　　(2) プリオン——マラリア・アメーバ赤痢
(3) ウイルス——梅毒・ワイル病　　(4) 真菌（カビ）——クドア症・アニサキス症

【36】食品添加物とその主要用途及び添加物名として、誤っている組み合わせを選びなさい。
(1) 甘味料——食品に甘味を与える——サッカリンナトリウム
(2) 着色料——食品を着色する——タール系色素
(3) 膨張剤——ケーキなどに膨らみを与える——ソルビン酸
(4) 調味料——食品にうま味を与える——L-グルタミン酸ナトリウム

【37】次の記述で、合成着色料の使用が認められている食品を選びなさい。
(1) カステラ　　(2) 漬け物　　(3) 鮮魚介類　　(4) 茶

【38】次の自然毒に関する記述について、誤っているものを一つ選びなさい。
(1) イシナギの肝臓の大量摂取により、ビタミンE過剰症の状態になる。
(2) シガテラ毒魚として、オニカマスの事例がある。
(3) スイセンにはリコリン等のアルカロイドが含まれており、ニラの葉と間違えたことによる食中毒が発生している。
(4) ドクゼリの若い葉や花は食用のセリに酷似しており、シクトキシンという毒成分を有している。

【39】HACCPに関する記述で、誤っているものを選びなさい。
(1) HACCPとは食品の製造工程における品質管理システムのことである。
(2) 製造プロセスの一部の重点管理点について、予測される危害を分析し管理する。
(3) 7つの原則と、それらの原則をHACCPプランに盛り込む前の5つの手順が必要。
(4) 7つの原則の中で、最も基本になるのがHA（危害分析）である。

【40】調理の目的に関する記述で、誤っているものを選びなさい。
(1) 見た目を美しくし、嗜好性を高める。　　(2) 素材の味や特徴を消して、まったく違った食物にする。
(3) 食品から有害物質や不要なものを取り除き、衛生的に安全にする。　　(4) 栄養成分の質と量のバランスを整える。

【41】直接加熱と間接加熱の分類で、誤っているものを選びなさい。
(1) 串焼き——直接加熱　　(2) 天火（オーブン）——直接加熱　　(3) 網焼き——直接加熱　　(4) 鉄板——間接加熱

【42】次の基本ソースに関する記述で、誤っているものを選びなさい。
(1) オランデーズソースは、卵黄と溶かしたバターの上澄みでつくる。
(2) ブラウンソースは、フォンドボーをベースにして茶色のルウをのばしてつくる。
(3) ビネグレットソースは、固ゆで卵の黄身にオイルと酢、みじん切りのハーブ類を混ぜてつくる。
(4) ベシャメルソースは、小麦粉をバターで炒めて、牛乳でのばしてつくる。

【43】食品の洗い方に関する記述で、正しいものを選びなさい。
(1) 米を洗う場合は、1度目の水は手早く洗い流す。　　　(2) 切り身の魚は、よく水で洗う。
(3) さといもなど"ぬめり"のあるものは、重曹を使って洗うとよい。　　(4) きのこは水でよく洗って泥や汚れを落とす。

【44】次の記述の（　　）に入る語句として、正しいものを選びなさい。
「燃料の全発生熱量と、実際の食品の加熱に利用された熱量の比を（　　）という。」
(1) 発熱度　　(2) 燃焼率　　(3) 熱伝導率　　(4) 熱効率

【45】寒天を使った寄せ物に関する記述で、誤っているものを選びなさい。
(1) 寒天は、全量の3〜4%を用いる。　　(2) 寒天が溶けてから、砂糖を加える。
(3) 煮溶かす温度は100℃くらいが適当である。
(4) 果汁など酸味のある材料は火から下ろしてから入れないと、寒天の凝固が悪くなる。

【46】包丁に関する記述で、誤っているものを選びなさい。
(1) 片刃の包丁は一方にだけ力が加わるので、塊を一端から切っていくのによい。
(2) 牛刀は西洋料理専門の包丁で、和・中国の料理には向かない。
(3) やわらかいものは引き切り、かたいものは押し切りにする。
(4) 両刃の包丁は両側に力が加わるので、組織のかたいものを両切りや輪切りにするのによい。

【47】鶏卵の特性と調理例として、正しい組み合わせを選びなさい。
(1) 卵黄の乳化性——ハンバーグステーキ　　(2) 卵黄の起泡性——マヨネーズ
(3) 卵白の乳化性——メレンゲ　　(4) 卵白の起泡性——スポンジケーキ

1回目 2回目

【48】砂糖の役割に関する記述で、誤っているものを選びなさい。
(1) 粘りやつやを出す。　　　　　　(2) 乾燥を防ぎ湿気を保つ。
(3) ゲル（ゼリー状）を強くする。　(4) たんぱく質の熱凝固を促進し、かたくする。

【49】揚げ物に関する記述で、誤っているものを選びなさい。
(1) 金ぷらは、衣にカレー粉を加えて黄色く揚げる天ぷらである。
(2) フリッターは、泡立てた卵白を使った衣をつけた揚げ物である。
(3) 竜田揚げは、魚などをしょうゆと清酒につけてから片栗粉をまぶして揚げる。
(4) 素揚げは、材料に衣をつけないでそのまま揚げる。

【50】天然色素とそれを含む主な食品として、誤っている組み合わせを選びなさい。
(1) クロロフィル──緑黄色野菜、海藻　　(2) アントシアニン──しそ、なす、黒豆
(3) カロテン──れんこん、ごぼう　　　　(4) ミオグロビン──肉、赤身の魚

【51】魚の加熱による変化に関する記述で、誤っているものを選びなさい。
(1) 加熱すると、魚肉の色は、赤身は灰褐色に白身は不透明な白色に変化する。
(2) 魚肉の液汁や脂肪は内部で固まり、加熱途中には流出しない。
(3) 加熱すると、魚肉重量や体積は減少する。
(4) 加熱すると、肉質はかたくなり、ほぐれやすくなる。

【52】食塩の働きに関する記述で、誤っているものを選びなさい。
(1) 小麦粉を水でこねるとき、グルテンの形成を助ける。　　(2) 食品の保存性を高める。
(3) 青菜をゆでるときに食塩を加えると、鮮やかな緑色が保たれる。　(4) たんぱく質の熱凝固を遅らせる。

【53】揚げ物の吸油量（素材の重量に対する割合）のうち、誤っている組み合わせを選びなさい。
(1) 素揚げ──5〜8％　　　(2) から揚げ──8〜10％
(3) かき揚げ──30〜35％　(4) フリッター──10〜30％

【54】大量調理に関する記述で、誤っているものを選びなさい。
(1) 大量の米を湯炊きするときは、沸騰までの間（10〜15分）に1〜2回撹拌する。
(2) 煮物の場合、調味を早くして煮汁を少なくして煮る。
(3) オーブンで魚を大量に焼くときは、高温にして魚を入れる。
(4) フライの場合、パン粉をつけたらすぐ揚げることが大切である。

【55】味の閾値に関する記述で、正しいものを選びなさい。
(1) 物質の味を感知できる最高の濃度を閾値という。　(2)濃い味付けで食材の持ち味が失われることを、閾値が低いという。
(3) 甘味の閾値よりも苦味の閾値は低い。　　　　　　(4) 塩味の閾値は酸味の閾値より低い。

【56】味の相互作用に関する記述で、正しい組み合わせを選びなさい。
(1) 抑制効果──お汁粉に食塩を入れると甘味が強くなる　(2) 対比効果──コーヒーに砂糖を入れると苦味が弱くなる
(3) 変調効果──するめを食べた後のみかんが渋く感じる　(4) 抑制効果──すいかに塩をかけて食べると甘味が強くなる

【57】食物の基本的な条件として、誤っているものを選びなさい。
(1) 安全性　　(2) 流通性　　(3) 栄養性　　(4) 嗜好性

【58】日本の食文化史に関する記述で、正しいものを選びなさい。
(1) 縄文時代に、水田での稲作農業が定着し、狩猟による食料の採集は行われなくなった。
(2) 鎌倉時代に、千利休により茶の湯（わび茶）が大成された。
(3) 江戸時代に、にぎりずしが登場した。
(4) 第二次世界大戦後に、初めてカレーライスがつくられた。

【59】箸食の文化に関する記述で、誤っているものを選びなさい。
(1) 日本、台湾、中国等は箸食文化圏に属する。
(2) 箸食文化圏で日本以外は、箸と匙がセットで用いられている。
(3) 箸食文化圏の人口は世界の約40％を占める。
(4) 日本で現在のような2本箸が使われるようになったのは、奈良時代以降である。

【60】郷土料理と地域として、正しい組み合わせを選びなさい。
(1) きりたんぽ──山形県　(2) ずんだもち──新潟県　(3) 治部煮──長野県　(4) ほお葉みそ──岐阜県

【1】(3) ★ここが✕⇨ 従属人口指数＝（15歳未満人口＋65歳以上人口）÷15歳～64歳人口×100。年少人口指数＝年少人口（～14歳）÷生産年齢人口（15～64歳）×100。老年人口指数＝老年人口（65歳以上）÷生産年齢人口（15～64歳）×100。

【2】(3) 補足 国連で決めた持続可能な開発目標で、17の目標で構成されている。

【3】(3) ★ここが✕⇨ (1) 初期症状は、頭痛やめまいなどが多い。(2) 20%前後→45～65%。(4) 30℃→26℃。

【4】(4) ★ここが✕⇨ (1) 一酸化炭素は無味、無臭、無刺激。(2) 肺における発がん性は認められていない。(3) 主として二酸化硫黄が原因物質。

【5】(4) 補足 がん検診は、健康増進法に基づき市区町村が実施。

【6】(1) ★ここが✕⇨ 学校給食は、学校給食法に基づく。

【7】(4) ★ここが✕⇨ 魚、果物、野菜などは食品リサイクル法。

【8】(4) ★ここが✕⇨ (1) 特定給食施設の栄養管理は健康増進法。(2) 特定健診・特定保健指導は高齢者の医療の確保に関する法律および国民健康保険法。(3) 労働基準法は労働条件の原則等を定めている。中学校職員の健康診断は学校保健安全法による。

【9】(3) ★ここが✕⇨ (1)、(2) は免許を与えないことがある「相対的欠格事由」で、都道府県知事が判断。(4) は欠格事由にはならない。

【10】(4) ★ここが✕⇨ (1) ナチュラルチーズを原料としてつくられる。(2) 低脂肪牛乳は、無脂乳固形分8.0%以上、乳脂肪分0.5%以上1.5%以下。(3) アイスクリームは乳固形分15.0%以上、乳脂肪分8.0%以上。

【11】(3) ★ここが✕⇨ (1) 赤身魚が赤いのはヘモグロビンかミオグロビンによる。(2) 脂質の割合が高く、水分が少ない。(4) ミオシン、アクチン、トロポニン、トロポミオシン、コネクチン、アクチニンなど。

【12】(3) ★ここが✕⇨ (1) カプサイシンなど。(2) アリルイソチオシアネートなど。(4) ショウガオールやジンゲロールなど。 補足 サンショールは、さんしょうの辛味成分。

【13】(3) ★ここが✕⇨ 上新粉はうるち米の粉。

【14】(2) ★ここが✕⇨ (1) 酵素は低温に強く、冷凍しても作用するものもある。(3) 酸素と二酸化炭素の濃度をコントロールする貯蔵法。(4) 急速冷凍ならドリップは生じにくい。

【15】(3) ★ここが✕⇨ かつお節はカビによる。

【16】(4) ★ここが✕⇨ (1) 男性のほうが高い。(2) 老人のほうが低い。(3) 発熱すると基礎代謝量は高くなる。

【17】(3) ★ここが✕⇨ (1) 人体は約30種の元素で構成。(2) 最も多いのは水。(4) たんぱく質は分解と合成を繰り返し、絶え間なくつくり換えられる。

【18】(4) 補足 米や小麦に含まれている必須アミノ酸のうち、最も含有量が少ないのはリシン（リジン）。

【19】(1) ★ここが✕⇨ (2)、(3) は酸素に触れなければ熱には安定で、レバー、卵黄などに含まれている。(4) は水溶性。

【20】(4) ★ここが✕⇨ ヨウ素は甲状腺ホルモンをつくる材料。

【21】(1) ★ここが✕⇨ αアミラーゼは唾液に含まれる酵素で、でんぷんを分解。

【22】(1) ★ここが✕⇨ BMI22は標準で、肥満と判定されるのは25以上。

【23】(2) ★ここが✕⇨ 青魚にはEPA（IPA＝イコサペンタエン酸）など、多価不飽和脂肪酸が多く含まれ、中性脂肪を減らし動脈硬化の予防になる。

【24】(3) ★ここが✕⇨ (1) 1日に摂る料理の量を「つ」または「サービングサイズ（SV）」の単位で示している。(2) 主食、副菜、主菜、牛乳・乳製品、果物の5つに区分されている。(4) コマの軸として表現している。ヒモは菓子や嗜好飲料を表している。

【25】(3) ★ここが✕⇨ 食品安全委員会は内閣府に設置。

【26】(3) ★ここが✕⇨ 夏場に多く発生する傾向にある。

【27】(4) ★ここが✕⇨ アミグダリンは、青梅中毒の原因物質。 補足 毒きのこの毒成分はムスカリン。

【28】(4) ★ここが✕⇨ 無鉤条虫は食肉から感染する。

【29】(2) ★ここが✕⇨ (1) メイラード反応は糖質とたんぱく質から褐色物質のメラノイジンをつくり出す反応。肉の腐敗臭は細菌の作用で硫化水素やアンモニアが発生するため。(3) 変敗とは、食品の色や性質が変わってしまい食用に適さなくなること。腐敗や酸化などを包括した言葉。(4) 低温細菌により低温でも腐敗は起こる。

【30】(3) ★ここが✕⇨ 細菌性の感染型。 補足 感染型は、細菌に感染した食品を摂取して体内で増殖した細菌によるもので、他に腸炎ビブリオなど。毒素型は、食品内で細菌が産生した毒素を摂取することで起こるもので、黄色ブドウ球菌、ボツリヌス菌など。

【31】(2) ★ここが✕⇨ (1) ヒトの小腸上皮細胞内でのみ増殖する。(3) 嘔気、嘔吐、下痢、腹痛、発熱などが主な症状。(4) 潜伏期間は1～2日。

【32】(1) ★ここが✕⇨ 滅菌はすべての微生物を死滅させ除去することであり、単純に腐敗防止を目的にしているわけではない。

【33】(3) ★ここが✕⇨ (1) 事業系の一部の可燃ごみ・一部の粗大ごみには、事業系一般廃棄物とされるものがある。(2) 経済廃棄物ではなく、産業廃棄物。(4) 一般廃棄物は市町村が、産業廃棄物は事業者が処理をする。

【34】(3) 補足 生魚や生野菜は水分活性が高い。ビスケット、塩分の高い塩辛、糖分の高いジャムなどは水分活性が低く、微生物が増殖しにくい。

【35】(1) ★ここが✕⇨ (2) プリオンは異常な形態に変化したたんぱく質で、海綿状脳症を発症する。(3) 梅毒・ワイル病はスピロヘータ。(4) クドア症・アニサキス症は寄生虫。

【36】(3) ★ここが✕⇨ 膨張剤はベーキングパウダー。ソルビン酸は保存料。

【37】(2) ★ここが✕⇨ (1)、(3)、(4) はいずれも食品衛生法ならびに省令で合成着色料の使用が禁止されている。

【38】(1) ★ここが✕⇨ イシナギの肝臓には大量のビタミンAが含まれており、肝臓を食べると急性のビタミンA過剰症を引き起こす。市場で販売されるものは食品衛生法により肝臓を除去される。

【39】(2) ★ここが✕⇨ 最終製品の抜き取り検査方式ではなく、製造プロセス全体において、予測される危害を分析し、重点管理点を定める方式である。

【40】(3) ★ここが✕⇨ 素材の味や特徴を生かし、引き立てるのも調理の目的。

【41】(2) 補足 直接加熱は、串や網などの支持体により支えられた食品に熱源の熱が直接伝わるもの。間接加熱は、鉄板、フライパンなどの中間体を介して熱が食品に伝わるもの。

【42】(3) ★ここが✕⇨ ビネグレットソースは、サラダドレッシング、フレンチドレッシングともいい、油、酢、塩、こしょうを混ぜたもの。

【43】(1) ★ここが✕⇨ (2) 切り身の魚は洗うとうま味が逃げる。(3) ぬめりのあるものは塩水で洗う。(4) きのこは香りがなくなるので洗わない。

【44】(4) 補足 (3) 熱伝導率は物質の熱の伝わりやすさを示すもの。

【45】(1) ★ここが✕⇨ 0.5～1.5%を用いる。 補足 酸を入れると固まりにくいので、60℃くらいに冷ましてから加える。

【46】(2) ★ここが✕⇨ 牛刀は西洋包丁ではあるが、西洋料理専門ではない。

【47】(4) ★ここが✕⇨ (1) ハンバーグステーキは卵黄の粘着性。(2) マヨネーズは卵黄の乳化性。(3) メレンゲは卵白の起泡性。

【48】(4) ★ここが✕⇨ 砂糖はたんぱく質の熱凝固をやわらげ、ふんわりと仕上げる。 補足 熱凝固を促進する作用を持つのは酢や塩。

【49】(1) ★ここが✕⇨ 金ぷらは衣に卵黄を加えた天ぷらのこと。そば粉を衣に加えたものや揚げ油にカヤ油や椿油を使ったものを称する場合もある。

【50】(3) ★ここが✕⇨ カロテンは橙色の色素で、にんじん、かぼちゃなどに含まれる。

【51】(2) 補足 魚介類の加熱による変化は、①赤身の魚は灰褐色、白身の魚は不透明な白色に変化、②魚肉から液汁や脂肪が流出、③重量が減少し、体積も減少、④肉質はかたく、もろく、割れやすくなり、歯切れがよく、ほぐれやすくなる。

【52】(4) ★ここが✕⇨ たんぱく質の熱凝固を促進する。

【53】(3) ★ここが✕⇨ かき揚げの吸油量は約20%。 補足 春雨の吸油量は30～35%、市販の冷凍品で15～20%。

【54】(2) ★ここが✕⇨ 煮汁を多くし、含め煮にする。 補足 煮物の大量調理は難しい。くずれにくい材料の場合は撹拌して均一化を図り、それができない場合は煮汁の量を多めにする。

【55】(3) ★ここが✕⇨ (1) 閾値とは味を感じる最低の刺激量。(2) 閾値が低いとは、薄い濃度でも味を感じることを示す。(4) 塩味の閾値は酸味より高い。 補足 (3) 苦味の閾値は他の味に比べて極端に低い。

【56】(3) 補足 (1)、(4) 抑制効果とは一方の味が他方の味を抑制し、弱める現象。(2) 対比効果とは異なる二つの呈味物質を同時に与えたとき、片方の味を強める現象。

【57】(2) 補足 食物の基本的な条件は、安全性、栄養性、嗜好性の3つ。

【58】(3) ★ここが✕⇨ (1) 水田稲作農業は定着しておらず、自然採集。(2) 茶の湯は安土桃山時代に完成された。(4) 第二次世界大戦より前からカレーライスはあった。

【59】(3) ★ここが✕⇨ 約30%。 補足 食文化圏は、手を使う「手食文化圏」が約40%、箸を使う「箸食文化圏」が約30%、ナイフ・フォーク・スプーンを使う「ナイフ食文化圏」が約30%。

【60】(4) ★ここが✕⇨ (1) は秋田県。(2) は宮城県・山形県・福島県を中心につくられる。(3) は石川県。

公衆衛生学【1】～【9】	食品学【10】～【15】	栄養学【16】～【24】	食品衛生学【25】～【39】	調理理論【40】～【57】	食文化概論【58】～【60】
1回目 /9問　2回目 /9問	1回目 /6問　2回目 /6問	1回目 /9問　2回目 /9問	1回目 /15問　2回目 /15問	1回目 /18問　2回目 /18問	1回目 /3問　2回目 /3問

1回目 2回目

【1】 典型的な公害の汚染の種類とその主な原因物質として、正しい組み合わせを選びなさい。

(1) 熊本県水俣湾の水質汚染──有機水銀　　(2) 新潟県阿賀野川の水質汚染──ヒ素

(3) 三重県四日市市の大気汚染──六価クロム　　(4) 富山県神通川の水質汚染──二酸化硫黄

【2】 わが国の令和3年の死因別死亡割合で、第1位は悪性新生物（がん）だが、第2位は次のうちどれか選びなさい。

(1) 脳血管疾患　　(2) 肺炎　　(3) 心疾患　　(4) 老衰

【3】 病原体と感染症として、誤っている組み合わせを選びなさい。

(1) ウイルス──後天性免疫不全症候群（エイズ）　　(2) リケッチア──つつが虫病

(3) 細菌──インフルエンザ　　(4) 原虫──マラリア

【4】 産業保健に関する記述について、誤っているものを一つ選びなさい。

(1) 事業者は労働安全衛生法に基づき、有害業務に従事する労働者に対して特殊健康診断を実施しなければならない。

(2) 作業環境により、熱中症、職業性難聴、白蝋病などの職業病を引き起こすことがある。

(3) 職場の健康づくりにおいては、労働者のメンタルヘルスも重要視されている。

(4) 労働安全衛生法のみが、産業保健に関する法律である。

【5】 母子保健に関する記述で、正しいものを選びなさい。

(1) 健康日本21は、日本の母子保健の課題と目標を示している。

(2) 妊娠した者は、妊娠の届け出をすることにより、当該市町村から母子手帳が交付される。

(3) 日本の乳児死亡率は、世界的にみて極めて高い。

(4) 低体重児を出生したときは、保護者は児童相談所に届け出なければならない。

【6】 疾病予防の三つの段階における一次予防の具体例として、正しいものを選びなさい。

(1) 高血圧患者の早期発見のための健診を行うこと。　　(2) 健康な者の運動教室を行うこと。

(3) 脳卒中患者の再発予防管理を行うこと。　　(4) 大腿骨頸部骨折患者のリハビリ教室を行うこと。

【7】 主な職業病とその要因となる職業として、誤っている組み合わせを選びなさい。

(1) 振動病──建設業　　(2) VDT障害──潜水作業員　　(3) 静脈瘤──調理師　　(4) けんしょう炎──速記者

【8】 水道法に規制された水道水の水質基準として、誤っているものを選びなさい。

(1) 大腸菌は、検出されてもよい。　　(2) 銅、鉄、フッ素、フェノールその他の物質をその許容量を超えて含まないこと。

(3) 異常な酸性またはアルカリ性を呈しないこと。　　(4) 異常な臭みがないこと。ただし、消毒による臭みを除く。

【9】 調理師免許の手続きに関する記述で、誤っているものを選びなさい。

(1) 試験に合格しても、30日以内に住所地の都道府県知事に免許の申請をしないときは、合格を取り消される。

(2) 本籍地や氏名に変更が生じたときは、30日以内に免許を与えた都道府県知事に調理師免許の書換交付を申請しなければならない。

(3) 免許証の再交付を受けた後、失った免許証を発見したときは、5日以内に免許証を与えた都道府県知事に返納しなければならない。

(4) 調理師が死亡したときは、戸籍法による死亡の届け出義務者は、30日以内に調理師名簿の登録の削除を申請しなければならない。

【10】 米に関する記述で、誤っているものを選びなさい。

(1) 白米に含まれる脂質は7%で、他の穀類より多い。

(2) 米のたんぱく質は、動物性食品のたんぱく質と比べて、リシン（リジン）・トレオニン（スレオニン）などの必須アミノ酸が少ない。

(3) 生米のでんぷんはβでんぷんであり、加熱することでαでんぷんに変化する。

(4) もち米がうるち米より粘り気があるのは、でんぷんの質が違うからである。

【11】 鶏卵に関する記述で、正しいものを選びなさい。

(1) 水分含量は、卵白より卵黄のほうが多い。　　(2) 卵黄の黄色は、飼料中のカロテノイド色素に由来する。

(3) 卵黄には、溶菌作用を持つたんぱく質が含まれている。　　(4) 卵の鮮度が低下するにつれて、卵白の粘度は増加する。

1回目 2回目

【12】 野菜類に関する記述で、誤っているものを一つ選びなさい。

(1) ほうれん草──シュウ酸　　(2) 青 (緑) ピーマン──未熟果　　(3) ミョウガ──果菜類　　(4) トマト──リコピン

【13】 次のうち、誤っている組み合わせを選びなさい。

(1) 乾燥法──かんぴょう　　(2) ガス貯蔵法──肉類　　(3) 燻製法──ベーコン　　(4) 塩蔵法──塩辛

【14】 肉類の性質に関する記述で、誤っているものを選びなさい。

(1) 豚肉は他の食肉類よりビタミン B_1 が多い。豚の肝臓には、牛の肝臓の約3倍の鉄が含まれる。

(2) 牛肉は良質のたんぱく質を含み、肝臓はビタミン A や鉄などが多い。

(3) 羊肉は独特の臭みがあり、子羊肉をマトン、成羊肉をラムという。マトンはやわらかく臭みがないので、ジンギスカン鍋などに利用される。

(4) 鳥肉はニワトリ、七面鳥、アヒル、合鴨、ダチョウ、エミューなどが食用とされる。

【15】 アレルギー物質を含む食品の表示で、誤っているものを選びなさい。

(1) 特定原材料とは、省令で表示が義務づけられたもの。　　(2) 特定原材料には8品目が定められている。

(3) 特定原材料に準ずるものとは、通知で表示が義務づけられた食品。

(4) 特定原材料に準ずるものとして、20種類の食品がある。

【16】 5大栄養素に関する記述で、正しいものを選びなさい。

(1) たんぱく質やビタミンは、血、肉、骨をつくる。　　(2) たんぱく質や脂質、糖質は、力や体力のもとになる。

(3) 糖質や無機質は、体の調子を整える。　　(4) 糖質は、ホルモンや酵素をつくる。

【17】 栄養素の消化酵素に関する記述で、正しいものを選びなさい。

(1) ペプシンは、脂肪を分解する。　　(2) リパーゼは、でんぷんを分解する。

(3) トリプシンは、たんぱく質を分解する。　　(4) αアミラーゼは、ラクトース (乳糖) を分解する。

【18】 炭水化物に関する記述で、正しいものを選びなさい。

(1) 炭素、酸素、窒素からつくられる。　　(2) グリコーゲンは多糖類で、果物や野菜に多い。

(3) 糖質の代謝にはビタミン B_2 が必要なので、砂糖や穀類はビタミン B_2 を多く含む食品とともに食べることが望ましい。

(4) 炭水化物1g当たり、4kcal のエネルギーを出す。

【19】 ビタミンとその欠乏症として、正しい組み合わせを選びなさい。

(1) ビタミン K ──血液凝固不良、新生児メレナ　　(2) ビタミン B_1 ──夜盲症、角膜乾燥症

(3) ビタミン C ──くる病、骨軟化症　　(4) ナイアシン──脚気、神経系障害

【20】 消化吸収に関する記述で、誤っているものを選びなさい。

(1) 食物中のでんぷんは消化酵素によって麦芽糖に分解され、さらにブドウ糖になる。

(2) 食物中の脂肪は、十二指腸で胆汁酸により乳化され、消化酵素で分解されて小腸壁から吸収される。

(3) 無機質や水は小腸と大腸で吸収される。

(4) アルコールは肝臓で吸収される。

【21】 脂質に関する記述で、正しいものを選びなさい。

(1) 中性脂肪は、複合脂質である。　　(2) 中性脂肪は、細胞膜の構成成分である。

(3) リン脂質は、単純脂質である。　　(4) コレステロールは、性ホルモンの合成材料となる。

【22】 食物繊維に関する記述で、正しいものを選びなさい。

(1) 食物繊維は、人体内にある酵素で分解できる。　　(2) 食物繊維は植物性食品に多く、単糖類に属する。

(3) ペクチン、グルコマンナンは食物繊維である。　　(4) 食物繊維は、肺がんの発生との関係で注目されるようになった。

【23】 母子栄養に関する記述で、正しいものを選びなさい。

(1) 妊娠中は、子どもの分も栄養をとる必要があるので、食べたいものを食べる。

(2) 人工栄養児の感染に対する抵抗力は、母乳栄養児と差がない。

(3) 授乳中は、母乳の成分となるたんぱく質や脂質、カルシウムを多く含む食品を食べる必要がある。

(4) 幼児期は、3回の食事だけで十分足りる。

【24】 脂質異常に関する記述で、誤っているものを選びなさい。

(1) 血漿中の LDL コレステロールやトリアシルグリセロールが異常に増加した状態をいう。

(2) 魚油に多い EPA (IPA) や DHA は動脈硬化を促進するので、控えめにする。

(3) エネルギーの過剰摂取を避け、体重が標準体重を上回っている場合は標準体重に近づける。

(4) コレステロールを多く含む卵黄、レバー、魚卵などはとりすぎないようにする。

【25】次の記述で、誤っているものを選びなさい。

(1) わが国の食品衛生行政は、食品衛生法に基づいて運営されている。

(2) 飲食物の衛生に関する第一線の機関は、保健所である。

(3) わが国の食品衛生法は、食品表示だけを対象として規制している。

(4) 食品の製造工場・販売店・飲食店などの取り締まりや指導、および食中毒の調査などを、食品衛生監視員が担当している。

【26】食中毒の記述で、正しい組み合わせを選びなさい。

(1) 細菌性食中毒——クリプトスポリジウム　　(2) ウイルス性中毒——腸炎ビブリオ

(3) 化学性中毒——水銀　　　　　　　　　　(4) 自然毒——エルシニア・エンテロコリチカ

【27】ボツリヌス菌食中毒に関する記述で、誤っているものを選びなさい。

(1) 毒素は熱に弱く、約80℃で30分の加熱で無毒になる。

(2) わが国では、古くは飯ずし、からしれんこんが主な原因食品であった。

(3) 汚染された食品を食べてから1～2時間くらいで発病するが、腹痛や下痢などの症状はない。

(4) 症状は、頭痛・めまい・吐き気があり、ついで神経系が侵され、言語障害・嚥下困難・視力障害を伴う。

【28】大腸菌O-157食中毒に関する記述で、誤っているものを選びなさい。

(1) 少量の菌量（約100個）で感染する。　　(2) 腸管内で増殖した菌がベロ毒素を産生し、急性の出血性大腸炎を起こす。

(3) 飲料水を介しての感染や、人から人への感染はない。　　(4) 主に牛の糞便によって汚染された食肉などが感染に関与している。

【29】フグ毒に関する記述で、正しいものを選びなさい。

(1) フグの毒成分をマイコトキシンという。　　(2) 熱に対して強く、煮沸しても弱くならない。

(3) 水に溶けやすい。　　　　　　　　　　　(4) 致命率が低い。

【30】アニサキスに関する記述について、誤っているものを一つ選びなさい。

(1) ワサビや酢には、アニサキスを死滅させる効果がある。

(2) 近年はアニサキスなどの寄生虫による食中毒の発生件数が増加傾向にある。

(3) －20℃で24時間以上冷凍された生鮮魚介類ではアニサキス幼虫は死滅している。

(4) 内臓に寄生したアニサキスが筋肉に移行することがあるので、鮮魚の内臓を極力速く除去することは予防法の一つである。

【31】次の記述で、正しいものを選びなさい。

(1) 微生物が発育し増殖するためには、栄養分、適温、酸素の3つの条件が必要である。

(2) 微生物は、その外形によって球菌類・かん菌類・偏平菌類の3つに分類される。

(3) カビの中には、食品の製造上有用なものが多いが、有毒な物質を産生するものもある。

(4) 魚や肉が腐敗し始めると、その初期にはアフラトキシンを産生する。

【32】大量調理施設衛生管理マニュアルに関する記述で、誤っているものを選びなさい。

(1) 調理後直ちに提供される食品以外の食品は、10℃以下または65℃以上で管理すること。

(2) 検食は、原材料および調理済み食品を食品ごとに50gずつ清潔な容器に入れ、密封し、－20℃以下で2週間以上保存すること。

(3) 食品、容器等の取り扱いは、床面からの跳ね水等による汚染防止のため、床面から60cm以上の場所で行うこと。

(4) 食肉類、魚介類、野菜類などの生鮮食品は、1回で使い切る量を調理前日に仕入れること。

【33】食品添加物に関する記述で、誤っているものを選びなさい。

(1) 一日摂取許容量（ADI）は、動物実験により得られた無毒性量に安全係数を掛けて求められる。

(2) ソルビン酸を保存料として使用した場合は、食品衛生法では物質名又は用途名のいずれかを表示しなければならない。

(3) ビタミンCを栄養強化の目的で使用した場合は、食品衛生法では物質名の表示をしなくてもよい。

(4) 発色剤は、食肉製品の色を赤く保つために用いられる。

【34】食品の鑑別法として、正しいものを選びなさい。

(1) 練り製品で、表面に汗ばんだような"ぬめり"のあるものは新しい。

(2) みそは、水によく溶け、煮たときに長く濁っているものが古い。

(3) 卵は水の中に入れたときに、新しいものは横になり、古いものは立つ。

(4) 新しいバターは、溶かすと少し濁って見える。

【35】殺菌・消毒に関する記述で、正しいものを選びなさい。

(1) 逆性石けんは、洗浄力は強いが殺菌力が弱いので、殺菌・消毒剤としては適さない。

(2) 中性洗剤は、洗浄剤であるとともに、殺菌・消毒剤として用いられる。

(3) 高度サラシ粉・次亜塩素酸ナトリウムなどの塩素剤は、調理場内の床の殺菌・消毒に適した化学物質である。

(4) 食器類の殺菌に最も適した殺菌・消毒剤は、クレゾール石けん液である。

【36】残留農薬に関する記述で、正しいものを選びなさい。

(1) 散布された農薬は、日光や微生物などにより分解されることはない。

(2) 残留基準が定められていない農薬は、ポジティブリスト制度で規制がなくなった。

(3) 輸入農産物ではポストハーベスト農薬の残留について違反事例はない。

(4) わが国の実際の農薬摂取量は、一日摂取許容量（ADI）に比べると大幅に低く、人の健康に影響を与えることはない。

【37】法律とその法律を主に所管する国の府省として、誤っている組み合わせを選びなさい。

(1) 食育基本法──文部科学省　　(2) 調理師法──厚生労働省

(3) 学校給食法──文部科学省　　(4) 食品衛生法──厚生労働省、消費者庁（内閣府）

【38】食品衛生法に定める食中毒が発生した場合の届け出について、正しいものを選びなさい。

(1) 食品を調理した調理師による届け出が義務づけられている。

(2) 食品を提供した営業者が届け出なければならない。

(3) 食中毒の患者を診断した医師による届け出が義務づけられている。

(4) 患者またはその家族が届け出なければならない。

【39】食品衛生法及び同法に基づく条例で定める資格として、誤っているものを選びなさい。

(1) 食品衛生管理者　　(2) 食品衛生監視員　　(3) 食品衛生指導員　　(4) 食品衛生責任者

【40】次の記述で、正しいものを選びなさい。

(1) 調理師に求められる調理理論とは、ある特定の料理を深く学ぶことである。

(2) 人類を他の動物と区別する最大の特徴は、手食することにあるといってもよい。

(3) 調理の役割は、食物の栄養効率を高め、同時に安全性や嗜好性を向上させることにある。

(4) 調理とは、各種の食品材料にいろいろな生理・医学的処理をほどこして、摂取可能な「食品」につくり変える仕事である。

【41】次の記述で、正しいものを選びなさい。

(1) 水カップ1杯の重量は180gである。　　(2) 油大さじ1杯の重量は8gである。

(3) しょうゆ大さじ1杯の重量は18gである。　　(4) 食塩小さじ1杯の重量は4gである。

【42】電子レンジによる加熱の特徴について、誤っているものを選びなさい。

(1) 焦げ目がつかない。　　(2) 温度調節がしやすい。　　(3) 水分の蒸発量が大きい。　　(4) 形がくずれにくい。

【43】摩砕用器具に相当しないものを選びなさい。

(1) おろしがね　　(2) チーズおろし　　(3) すり鉢　　(4) シェイカー

【44】油を使わない間接加熱操作のものを選びなさい。

(1) 豆のいり焼き　　(2) 魚の網焼き　　(3) 肉の串焼き　　(4) ポークソテー

【45】食酢に関する記述で、誤っているものを選びなさい。

(1) たんぱく質の熱凝固を促進し、かたくする。　　(2) アントシアニンに作用し、色を白くする。

(3) 酸化酵素を抑えて、褐変を防ぐ。　　(4) 微生物の発育を抑える防腐効果がある。

【46】調理に関する記述で、誤っているものを選びなさい。

(1) 煮物は、加熱しながら調味できる。

(2) 魚を煮るときは、冷たい汁に入れて火にかける。

(3) 根菜類を煮るときは、砂糖を最初に入れ、しょうゆは後から入れる。

(4) 落としぶたをして煮ることにより、少ない汁で材料を均一に調味することができる。

【47】次の記述で、正しいものを選びなさい。

(1) 魚のあらと野菜からとるブイヨンを、ブイヨン・ド・ヴォライユという。

(2) ベシャメルソースとは、フランス料理で使われる褐色のソースのことをいう。

(3) 鶏肉の煮だし汁のことをフォン・ド・ポアッソンという。

(4) ルウとは、小麦粉と油脂を混ぜて加熱したもので、ソースの濃度つけや風味を増すために用いる。

【48】牛肉の部位とよく使われる料理として、誤っている組み合わせを選びなさい。

(1) テール──スープ　　(2) サーロイン──ステーキ

(3) すね肉──カツレツ、ステーキ　　(4) リブロース──網焼き、すき焼き

【49】味付けの順序として、正しいものを選びなさい。

(1) 砂糖→塩→みそ→酢→しょうゆ　　(2) みそ→しょうゆ→酢→塩→砂糖

(3) 砂糖→塩→酢→しょうゆ→みそ　　(4) みそ→砂糖→しょうゆ→塩→酢

1回目 2回目

【50】油脂の酸敗に関する記述で、正しいものを選びなさい。

(1) 自動酸化は、不飽和度の高い油脂を含むものほど起こりにくい。

(2) 油脂の酸化は主としてグリセロールの部分に起こる。

(3) 酸化は、最初は徐々に進むが、遊離脂肪酸がある量に達すると急速に進行する。

(4) 酸化の結果、酸価が減少し、悪臭や不味の原因となり、さらさらになる。

【51】次の調理操作に関する記述について、誤っているものを一つ選びなさい。

(1) そぎ切りは、カツオやマグロなど、身の柔らかい赤身魚の刺し身の切り方に使われる。

(2) 霜降りとは、切り身にした肉、魚類を手早く熱湯に通したり、熱湯をかけたりすることである。

(3) 糸づくりとは、刺し身の切り方の一種で、きす、さより、いか等を刺し身にするときに使われる。

(4) 叩き切りとは、硬い物や大きい物を切るとき、包丁で真上から叩き切ることをいう。

【52】香辛料とその用途として、誤っている組み合わせを選びなさい。

(1) ローリエ——煮込み料理・スープ　　(2) ナツメグ——果汁ゼリー・アイス

(3) サフラン——米料理・ブイヤベース　　(4) クローブ——コンポート・ひき肉料理

【53】疾病とその治療食で制限するものとして、正しい組み合わせを選びなさい。

(1) 消化器病——食塩、脂質、刺激物、かたいもの　　(2) 脂肪肝——ビタミン、無機質

(3) 腎臓病——エネルギー、脂質、ビタミン　　(4) 高血圧症——食物繊維、有機酸

【54】空調・換気設備に関する記述で、誤っているものを選びなさい。

(1) 空調設備とは、作業者が快適に室内で作業するために、また食中毒防止のために、温度、湿度、空気清浄、気流をコントロールする設備である。

(2) 換気設備では、建築基準法で換気フードの形状と必要換気量が規定されている。

(3) 換気は、燃焼空気の供給、酸欠防止、室内発生熱などの除去を目的に行う。

(4) 調理室内の室温は 25℃以下、室内湿度は 60%以下が望ましい。

【55】隠し包丁と面取りに関する記述で、正しいものを選びなさい。

(1) 隠し包丁は、加熱のときに火の通りをよくするためで、味の浸透をよくする目的はない。

(2) 隠し包丁は、野菜やいも類、魚にすることがある。

(3) 西洋料理には面取りのような調理作業はない。

(4) 煮くずれしにくい材料を煮るとき、面取りをして煮汁が対流しやすいようにする。

【56】魚肉の切り方に関する記述で、正しい組み合わせを選びなさい。

(1) マル————内臓とえらを取ったもの　　(2) ドレス————魚体そのままの形

(3) チャンク——ドレスを幅広く切ったもの　　(4) セミドレス——内臓、えら、頭、うろこを取ったもの

【57】食品の塩分濃度に関する記述で、誤っている組み合わせを選びなさい。

(1) 塩辛——3〜7%　　(2) ハム類——1.5〜3%

(3) 白みそ——11〜13%　　(4) 濃口しょうゆ——15〜17%

【58】生活と食事に関する記述で、誤っているものを選びなさい。

(1) 民俗学では、生活習俗上の定義として「ケ」をふだんの日とし、「ハレ」を行事などの特別なあらたまった日としている。

(2) 「ハレ」を現代人の生活にあてはめると、正月、桃の節句・端午の節句、誕生日や成人式などにあたる。

(3) 「ハレ」の日の食事は、集落・村落などの社会集団の構成員が、共同体で祭る神に祈願したりする「神人共食」に端を発している。

(4) 「ハレ」の日の食事の第一目的は、日頃の栄養不足と飢えを満たすことにある。

【59】次の記述で、正しいものを選びなさい。

(1) 奈良時代には、縄模様がついた土器を用いて調理を行っていた。

(2) 鎌倉時代には、精進料理が発達した。また、1日3回食が始まった。

(3) 安土・桃山時代には、中国から伝来した普茶料理、卓袱料理が日本風に変化し、和食が完成した。

(4) 江戸時代には、牛鍋やすき焼きが食べられるようになった。

【60】食育に関する基本理念と基本的施策として、誤っているものを選びなさい。

(1) 国民のストレスの軽減と人間関係の改善。

(2) 食に関する感謝の念と理解、体験活動、食育推進運動の展開と実践。

(3) 食育推進運動は、学校や保育所等々だけではなく、家庭での推進も含まれる。

(4) 農山漁村の活性化や食料自給率の向上への貢献。

【1】(1) ★ここが✕⇨ (2) 有機水銀。(3) 硫黄酸化物や窒素酸化物。(4) カドミウム。

【2】(3) 補足 令和3年の主な死因別死亡数は、1位悪性新生物、2位心疾患、3位老衰、4位脳血管疾患、5位肺炎、6位誤嚥性肺炎となっている。

【3】(3) ★ここが✕⇨ インフルエンザはウイルスによるもの。補足 リケッチアは、細胞内に寄生している微生物で、ダニなどの節足動物を媒介として人に感染する。

【4】(4) ★ここが✕⇨ 産業保健に関する法律には、労働基準法もある。

【5】(2) ★ここが✕⇨ (1) 健康日本21→健やか親子21。(3) 乳児死亡率は低い。(4) 現在地の市町村に届け出る。

【6】(2) ★ここが✕⇨ (1) は二次予防。(3)、(4) は三次予防。補足 一次予防は、健康増進と特異的予防（予防接種など）。二次予防は早期発見と早期治療。三次予防は、発病後の悪化と後遺症を防ぐことと、治癒後のリハビリテーション。

【7】(2) ★ここが✕⇨ 潜水作業員ではなく、プログラマー、システムエンジニアなど。補足 VDT障害は、コンピューターディスプレイを長時間眺めていることで起こる健康障害。

【8】(1) ★ここが✕⇨ 大腸菌は検出されないことと規定されている。

【9】(1) ★ここが✕⇨ (1) のような規定はない。

【10】(1) ★ここが✕⇨ 7%ではなく、約0.9%。

【11】(2) ★ここが✕⇨ (1) 卵白に約88%、卵黄に約48%。(3) 卵黄の保護のため、卵白に溶菌作用を持つたんぱく質が含まれている。(4) 鮮度が落ちると、たんぱく質のコシが弱くなり、粘度も落ちる。

【12】(3) ★ここが✕⇨ 実を食べる野菜を果菜類というが、ミョウガは花を食用とする花菜類。

【13】(2) ★ここが✕⇨ ガス貯蔵法は青果物に用いる。

【14】(1) ★ここが✕⇨ 成羊肉をマトンといい、ラムはおよそ生後12カ月未満の子羊肉。ジンギスカン鍋にはどちらも用いられる。

【15】(3) ★ここが✕⇨ 表示が義務づけられたものではなく、表示が推奨された20品目。

【16】(3) ★ここが✕⇨ (1) たんぱく質と無機質。(3) ビタミンと無機質。(4) たんぱく質、無機質、ビタミン。補足 栄養素の中で、エネルギーの源となるものを熱量素、体の組織をつくるものを構成素、代謝を円滑にするものを調整素という。

【17】(3) ★ここが✕⇨ (1) たんぱく質を分解。(2) 脂質を分解。(4) でんぷんを分解。

【18】(4) ★ここが✕⇨ (1) 炭素、水素、酸素からつくられる。(2) 動物の筋肉や肝臓に多い。(3) ビタミンB₁が必要。ビタミンB₂は脂質の代謝に必要。

【19】(1) ★ここが✕⇨ (2) 脚気、神経系障害。(3) 壊血病。(4) ペラグラ。補足 夜盲症、角膜乾燥症はビタミンAの欠乏。くる病、骨軟化症はビタミンDの欠乏。

【20】(4) ★ここが✕⇨ 本来、胃は消化のみで吸収はしないが、アルコールは例外。胃で吸収され、残りが小腸が吸収される。肝臓は分解のみ。

【21】(4) ★ここが✕⇨ (1) 単純脂質。(2) 細胞の中に蓄えられているのが中性脂肪。細胞膜の構成成分はコレステロール、リン脂質、糖脂質、たんぱく質。(3) 複合脂質。

【22】(3) ★ここが✕⇨ (1) 分解できない。(2) 単糖類→多糖類。(4) 肺がん→大腸がん。

【23】(3) ★ここが✕⇨ (1) 妊娠高血圧症候群、肥満、糖尿病などを予防するために、塩分やエネルギーのとり過ぎに注意する。(2) 母乳栄養児に比べ感染抵抗力が劣る。(4) 3食で必要な栄養がとれないため、間食で補う。

【24】(2) ★ここが✕⇨ EPA (IPA) やDHAは動脈硬化を予防するので積極的にとる。

【25】(3) ★ここが✕⇨ 食品表示だけが対象ではない。補足 食品衛生法では、食品、添加物、器具、容器包装、表示、広告、営業などについて規制している。

【26】(3) ★ここが✕⇨ (1) 細菌性食中毒は、腸炎ビブリオや出血性大腸菌O-157、エルシニア・エンテロコリチカなど。クリプトスポリジウムは寄生虫原虫。(2) ウイルス性中毒は、ノロウイルスやロタウイルスなど。(4) 自然毒は、アコニチン、ソラニンなど。

【27】(3) ★ここが✕⇨ 感染してから症状が出るまでは通常8〜36時間。腹痛や下痢はあまり強くなく、発熱もない。重症例では呼吸困難になる。

【28】(3) ★ここが✕⇨ 飲料水を介することもあり、人から人への感染もある。

【29】(1) ★ここが✕⇨ (1) テトロドトキシン。(3) 水に溶けにくい。(4) 他の食中毒より致命率が高い。

【30】(1) ★ここが✕⇨ 酢や塩、しょうゆ、ワサビなどの調味料では、アニサキス幼虫は死なない。

【31】(3) ★ここが✕⇨ (1) 栄養分、適温、水分の3条件。(2) 球菌類、かん菌類、らせん菌類の3種類。(4) 腐敗の初期にはヒスタミンが産生される。

【32】(4) ★ここが✕⇨ 調理前日ではなく、調理当日に仕入れる。

【33】(2) ★ここが✕⇨ 保存料として使用した場合は、物質名と用途名を併せて表示する。補足 用途名を併記するのは次の8種類。①甘味料、②着色料、③保存料、④増粘剤・安定剤・ゲル化剤又は糊料、⑤酸化防止剤、⑥発色剤、⑦漂白剤、⑧防かび剤又は防ばい剤。

【34】(3) ★ここが✕⇨ (1) ぬめりがあると古い。(2) 水によく溶け、長く濁っているものが新しい。(4) 溶かすと透明なものは新しい。

【35】(3) ★ここが✕⇨ (1) 逆性石けんは洗浄力が弱く殺菌力が強い。(2) 中性洗剤は殺菌・消毒剤ではない。(4) クレゾール石けん液は臭いが強いため適さない。補足 食器類の消毒は塩素剤（金属食器以外）もしくは煮沸消毒。

【36】(4) ★ここが✕⇨ (1) 分解される。(2) ポジティブリストは、基準が定められていない農薬が一定量を超えて残留する食品の流通を原則禁止するもの。(3) 収穫後に使用する農薬をポストハーベスト農薬といい、輸入農産物での違反が多い。

【37】(1) ★ここが✕⇨ 食育基本法は内閣府の所管。

【38】(3) 補足 食中毒の発生を届け出るのは、疾病に対する知識のある医師である。その他の一般人には臨床医学的な判断を期待できないので、届け出を義務づけていない。

【39】(3) ★ここが✕⇨ 食品衛生指導員の資格は、社団法人日本食品衛生協会が委嘱し、各都道府県支部が実施する食品衛生指導員養成教育の課程修了者。

【40】(3) ★ここが✕⇨ (1) 料理全般について学ぶことである。(2) 手食などの食事法ではなく、調理をすること。(4) 生理・医学的処理ではなく、物理的・加熱・化学的な調理操作。

【41】(3) ★ここが✕⇨ (1) 水カップ1杯＝200g。(2) 油大さじ1杯＝12g。(4) 食塩小さじ1杯＝6g。

【42】(2) ★ここが✕⇨ マイクロ波が入るのは食品表面から数cmのため、温度調節しにくく、加熱むらが起こりやすい。補足 電子レンジは、マイクロ波を食品に照射し、そのエネルギーが食品中で熱に変わり、非常に高い速度で発熱が起こる原理を利用したもの。

【43】(4) ★ここが✕⇨ シェイカーは混合と冷却を目的とするもので、カクテルに使われる。

【44】(1) ★ここが✕⇨ (2)、(3) は直接加熱。(4) は間接加熱だが油を使用。

【45】(2) ★ここが✕⇨ アントシアニンは赤、フラボノイドは白に変化。

【46】(2) ★ここが✕⇨ 魚の水分とうま味が煮汁に溶け出すのを防ぐため、煮立ててから魚を入れる。

【47】(4) ★ここが✕⇨ (1) 魚のあらと野菜からとったものは、フュメ・ド・ポアッソン。(2) ベシャメルソースは白いソース。(3) 鶏からとっただしはフォン・ド・ヴォライユ。

【48】(3) ★ここが✕⇨ 煮込み料理やスープ。すね肉は、前足と後ろ足のすねの部分で、筋が多くかたい部位。長時間煮込む料理に適している。補足 (1) のテールは、しっぽ部分。(2) のサーロインは胸椎（きょうつい）の後方部分。(4) のリブロースは肋骨の背肉。

【49】(3) 補足 いわゆる“さ・し・す・せ・そ”の順番。分子量の大きい砂糖は浸透が遅いので、食塩より先に加える。酢、しょうゆ、みそは揮発性の香気成分を含むため最後のほうで入れる。なお、さ＝砂糖・し＝塩・す＝酢・せ＝しょうゆ・そ＝みそ。

【50】(3) ★ここが✕⇨ (1) 不飽和度の高い油脂を含むものほど起こりやすい。(2) 酸化が起こるのは、主に二重結合の部分。(4) 酸価が増加し、悪臭や不味の原因となり、粘度が高くなる。

【51】(1) ★ここが✕⇨ タイやヒラメなど、身の締まった白身魚の刺し身の切り方に使われる。

【52】(2) ★ここが✕⇨ ナツメグは香りを出すための香辛料で、洋菓子、ひき肉料理、ハム・ソーセージなどに使用する。

【53】(1) ★ここが✕⇨ (2) 脂質や甘いもの、アルコールを控え、摂取エネルギーの制限をする。(3) 食塩や水分、たんぱく質の制限。(4) 味付けに酸味を利用するなどして食塩制限し、食物繊維は多めに摂取する。

【54】(4) ★ここが✕⇨ 室温は25℃以下、室内湿度は80%以下が望ましい。

【55】(2) 補足 面取りは、煮くずれしやすいかぼちゃや大根などを煮るときに行う。

【56】(3) ★ここが✕⇨ (1) マルは魚体そのままの形。(2) ドレスは内臓、えら、頭、うろこを取ったもの。(4) セミドレスは内臓とえらを取ったもの。補足 (3) チャンクは輪切りともいう。

【57】(3) 補足 白みその塩分は約5〜7％と他のみそに比べて少なく、一般的な辛みそは約11〜13％。薄口しょうゆは塩分約18〜19％と多い。

【58】(4) ★ここが✕⇨ 「ハレ」の日の食事は生きるための食事ではなく、非日常的な付加価値要素の強い趣味・娯楽・団らんの要素が加味された豪華な食事が一般的である。

【59】(2) ★ここが✕⇨ (1) 縄模様がついた土器を使用していたのは縄文時代。(3) 普茶料理や卓袱料理が発達したのは江戸時代。(4) 牛鍋やすき焼きが食べられるようになったのは明治時代。

【60】(1) 補足 食育に関する7項目の基本理念の一つに「国民の心身の健康の増進と豊かな人間形成」という項目がある。

公衆衛生学【1】〜【9】		食品学【10】〜【15】		栄養学【16】〜【24】		食品衛生学【25】〜【39】		調理理論【40】〜【57】		食文化概論【58】〜【60】	
1回目 /9問	2回目 /9問	1回目 /6問	2回目 /6問	1回目 /9問	2回目 /9問	1回目 /15問	2回目 /15問	1回目 /18問	2回目 /18問	1回目 /3問	2回目 /3問

1回目 2回目

【1】 地域保健法に規定する保健所の業務として、誤っているものを一つ選びなさい。

(1) 保健栄養に関する事項。

(2) 野生動物の死体の処理。

(3) 公共医療事業の向上と増進に関する事項。

(4) エイズ、結核、性病、伝染病その他の疾病の予防に関する事項。

【2】 「日本国憲法」第25条の条文で、（　　）内に入る語句の組み合わせとして、正しいものを選びなさい。

「すべて国民は、健康で（　A　）な最低限度の生活を営む権利を有する。国は、すべての生活部面について、社会福祉、社会保障及び（　B　）の向上及び増進に努めなければならない。」

　　　　　A　　　　　B　　　　　　A　　　　　B

(1) 文化的──国民保健　(2) 文化的──公衆衛生

(3) 社会的──公衆衛生　(4) 社会的──国民保健

【3】 生活習慣病と生活習慣として、誤っている組み合わせを選びなさい。

(1) 高血圧症──ルチンの過剰摂取　　(2) 肝臓病──アルコールの過剰摂取

(3) 骨粗しょう症──カルシウム、たんぱく質の不足　(4) 糖尿病──エネルギー、糖質、アルコールの過剰摂取

【4】 特定健康診査・特定保健指導に関する記述で、誤っているものを選びなさい。

(1) 「高齢者の医療の確保に関する法律」により、実施が義務化された。

(2) 対象は50歳から80歳の被保険者・被扶養者である。

(3) 健康診査項目に腹囲の測定がある。

(4) メタボリックシンドローム予備群またはメタボと判定された人には動機付け支援を行う。

【5】 精神の保健に関する記述で、正しいものを選びなさい。

(1) ストレスには、失業、家族の問題といった社会的要因は関係ない。

(2) ストレスの強さは客観的に測ることは難しいが、個人差があることが特徴である。

(3) 胃がんは、ストレス状態が続くことで起こる心身症である。

(4) 軽いストレスであっても、人間にとってプラスにならない。

【6】 次の記述で、誤っているものを選びなさい。

(1) 水道水は、水道法により、給水栓から0.1mg/ℓ以上の遊離残留塩素が検出されてはならない。

(2) 成人では人体の60〜70%が水分であり、急にその水分の20%以上を失うと生命が危険になる。

(3) 日光に当たる機会が少ないと、体内でビタミンDの合成が低下し、ビタミンD欠乏症になる。

(4) 不快指数が80以上になると、だれもが不快に感じる。

【7】 次の記述のうち、（　　　）に入る語句として、正しい組み合わせのものを選びなさい。

「調理師とは、調理師の（　A　）を用いて調理の業務に従事することができる者として都道府県知事の免許を受けた者をいう。飲食店などで調理の業務に従事する調理師は、住所などを（　B　）就業地の都道府県知事に届け出なければならない。」

　　　　　A　　　　　B　　　　　　A　　　　　B

(1) 肩書き──2年ごとに　(2) 肩書き──毎年

(3) 名称──2年ごとに　(4) 名称──毎年

【8】 調理師法による免許の取り消しに関する記述で、誤っているものを選びなさい。

(1) 勤務態度が悪かった者。

(2) 麻薬もしくは覚せい剤の中毒者。

(3) その責に帰すべき事由によって、食中毒その他衛生上重大な事故を発生させた者。

(4) 罰金以上の刑に処せられた者。

【9】 健康増進法に関する記述で、誤っているものを選びなさい。

(1) 販売する食品に栄養成分または熱量に関する表示をしようとする場合は、内閣総理大臣が定める栄養表示基準に従うこと。

(2) 国民健康・栄養調査では、国民の健康状態や栄養摂取量などを2年ごとに調査する。

(3) 飲食店など多くの人が利用する施設の管理者は、利用者の受動喫煙防止のための措置を講ずるよう努めなければならない。

(4) 特定給食施設においては、厚生労働省が定める栄養管理基準を遵守しなければならない。

1回目 2回目

【10】食料の輸送量に輸送距離を掛け合わせた指標を何というか。
(1) サプライチェーン　　(2) フードマイレージ　　(3) トレーサビリティー　　(4) コールドチェーン

【11】野菜の分類に関して、正しい組み合わせを選びなさい。
(1) 根菜類──ねぎ、アスパラガス、たけのこ　　(2) 茎菜類──カリフラワー、ブロッコリー
(3) 花菜類──春菊、レタス、パセリ　　(4) 葉菜類──ほうれん草、小松菜、キャベツ

【12】食品の味とその味覚成分に関する記述で、正しいものを選びなさい。
(1) 米酢の酸味はクエン酸によるものである。　　(2) チョコレートの苦味は、ククルビタシンによるものである。
(3) とうがらしの辛味は、イソチオシアネート類によるものである。(4) 貝類のうま味は、コハク酸などによるものである。

【13】嗜好飲料に関する記述で、正しいものを選びなさい。
(1) 紅茶の発酵は、茶葉に付着した酵母菌の働きによる。
(2) コーヒーの特有の香りは、アミノカルボニル反応によって生成する。
(3) 酒税法でいう酒類は、アルコール分を 0.5％以上含む飲料である。
(4) リキュールは、果実発酵酒を蒸留して熟成させたものである。

【14】次の発酵食品と主な微生物に関して、誤っている組み合わせを選びなさい。
(1) 食酢──酢酸菌　　(2) 漬物──乳酸菌　　(3) 焼酎──焼酎酵母　　(4) チーズ──チーズ酵母

【15】ゲル状食品とその原料の組み合わせについて、正しいものを一つ選びなさい。
(1) 寒天──つのまた　　(2) カラギーナン──パイナップルの果肉
(3) ゼラチン──かんきつ類の果皮　　(4) ペクチン──りんごの絞りかす

【16】身体の構成成分に関する記述で、誤っているものを選びなさい。
(1) 身体の構成成分は、年齢、性別により異なる。　　(2) たんぱく質、脂肪、糖質の中では糖質が最も少ない。
(3) 構成成分で最も多いのは脂肪である。　　(4) 構成成分として 5 ～ 6％程度の無機質を含んでいる。

【17】次のうち、誤っている組み合わせを選びなさい。
(1) 熱量素──脂質、糖質、たんぱく質　　(2) 構成素──たんぱく質、無機質、脂質
(3) 調整素──無機質、ビタミン　　(4) 構成素──たんぱく質、ビタミン、糖質

【18】炭水化物に関する記述で、正しい組み合わせを選びなさい。
(1) ショ糖──単糖類　　(2) ガラクトース──多糖類　　(3) 乳糖──二糖類　　(4) ペクチン──単糖類

【19】脂質と脂肪酸に関する記述で、正しいものを選びなさい。
(1) 必須脂肪酸は、リノール酸、アラキドン酸の 2 種類である。
(2) 魚肉に多い EPA（IPA ＝イコサペンタエン酸）は、血中コレステロールを上げる働きがある。
(3) 脂肪は、胃の中に停滞する時間が短い。
(4) 魚の干物や何度も使った油は酸化されやすい。

【20】無機質とその説明に関して、正しい組み合わせを選びなさい。
(1) マグネシウム──血液のヘモグロビンの形成　　(2) 鉄──骨や歯の主要構成成分
(3) カリウム──主として細胞内液に存在する　　(4) リン──甲状腺ホルモンを形成

【21】生活習慣病に関する記述で、正しいものを選びなさい。
(1) 肥満は、糖尿病や高尿酸血症などの誘因になりやすい。　　(2) 動脈硬化は、日常の生活習慣との関わりでは発症しない。
(3) 高血圧や動脈硬化症は、心筋梗塞の誘因にはならない。　　(4) 糖尿病は、遺伝的な要因の関わりでは発症しない。

【22】糖尿病の予防に向けた食事に関する記述で、正しいものを選びなさい。
(1) ごはんやパン、うどんなどの主食の摂取は避ける。
(2) 野菜は食物繊維を多く含むので摂取を控える。
(3) 標準体重の維持につとめ、主食、主菜、副菜をそろえて摂取する。
(4) アルコール飲料は、含まれる栄養素が少ないので、摂取を控える必要はない。

【23】栄養状態の判定に関する記述で、正しいものを選びなさい。
(1) 貧血は、ビタミン D が不足すると起こりやすい。
(2) 夜盲症は、ビタミン C が不足すると起こりやすい。
(3) 血清アルブミン値は、脂質異常症を判定する指標となる。
(4) 体脂肪量は、生体電気インピーダンス法で知ることができる。

1回目 2回目

【24】高齢者の食事について誤っているものを一つ選びなさい。

(1) フレイル予防が大切である。

(2) 低栄養によって筋肉量が減少、筋力の低下する状態となる。

(3) 65歳以上のたんぱく質摂取量の下限は、1日の摂取エネルギーの15%である。

(4) 高齢者は体重を落とすことが重要であり、BMI18以下とすることが大切である。

【25】次のセレウス菌食中毒に関する記述のうち、誤っているものを一つ選びなさい。

(1) チャーハンやピラフ、スパゲティーや焼きソバが原因食品となる。

(2) 通常の加熱調理に耐える熱に強い芽胞を形成する菌である。

(3) 「嘔吐型」と「下痢型」の2種類があるが、日本国内では「嘔吐型」の発生事例が多い。

(4) 「嘔吐型」は食品とともに摂取したセレウス菌がヒトの小腸で増殖し、産生された毒素により嘔吐を引き起こす。

【26】カンピロバクター食中毒に関する記述で、誤っているものを選びなさい。

(1) カンピロバクターは、家畜、ペットの腸管内に存在し、保菌率は鶏が高い。

(2) 牛レバーや鶏のささ身の生食、焼き鳥などの加熱不足による感染が多い。

(3) 潜伏期間は、平均半日から1日と短い。

(4) 主な症状は、下痢、腹痛、発熱。

【27】ウエルシュ菌食中毒に関する記述で、誤っているものを選びなさい。

(1) ウエルシュ菌は、人の腸管内に常在する嫌気性の芽胞形成菌である。

(2) 潜伏期間は、8～20時間で、通常12時間前後が多い。

(3) 主な症状は激しい下痢と腹痛で、発熱はあまり見られない。

(4) 主に生肉や生乳が原因食品で、加熱調理することで死滅する。

【28】自然毒に関して、正しい組み合わせを選びなさい。

(1) フグ毒──テトロドトキシン　　(2) カビ毒──サキシトキシン

(3) 麻痺性貝毒──マイコトキシン　　(4) 青梅──シガトキシン

【29】細菌性食中毒の発生件数が特に多い時期を選びなさい。

(1) 寒い時期　　(2) 湿度が低い時期　　(3) 梅雨の時期　　(4) 時期による差はない

【30】食中毒予防の三原則と、その方法の組み合わせとして、誤っているものを一つ選びなさい。

(1) 微生物を付けない──手洗い、器具の洗浄・消毒

(2) 微生物を増やさない──調理後速やかに食べる

(3) 微生物を増やさない──低温保蔵10℃以下

(4) 微生物を殺してしまう──冷凍する

【31】着色料に関する記述で、正しいものを選びなさい。

(1) 着色料は、食肉や鮮魚介類への使用が禁止されている。　　(2) 天然色素は、食品に使用した際の表示が省略できる。

(3) 化学的合成品は、熱や光に対して不安定で退色しやすい。　　(4) タール系色素は、添加物として指定されていない。

【32】寄生虫に関する記述で、正しいものを選びなさい。

(1) 旋毛虫は、サワガニの生食で感染する。　　(2) アニサキス症は、牛肉での感染事例が多い。

(3) 有鉤条虫は、豚肉の生食で感染する。　　(4) 無鉤条虫は、サケなどの海産魚類が終宿主である。

【33】食品取扱者の衛生管理に関する記述で、誤っているものを選びなさい。

(1) 衛生的な作業着、帽子、マスクを着用する。　　(2) 生鮮の原材料を扱った後は、手指の洗浄・消毒を行う。

(3) 下痢の症状がある場合は、食品の取扱作業に従事しない。　　(4) 指輪は、落下の恐れがなければ外す必要はない。

【34】調理場等の衛生管理に関する記述で、誤っているものを選びなさい。

(1) HACCPとは、最終製品の衛生検査と異なり、製造過程ごとに危害を分析し、自主的な衛生管理をする方法である。

(2) 調理場は、湿度80%以下、温度25℃以下に保つことが望ましい。

(3) 調理・加工台の高さは、床面からのはね水による汚染を防止するため、30cm以上にする。

(4) 前日調理した食品でも、翌日再加熱すれば大丈夫というのは間違いである。

【35】次の消毒及び殺菌に関する記述で、誤っているものを選びなさい。

(1) 煮沸消毒は、衣類、ふきん、食器、箸、調理器具などの消毒に適している。

(2) 逆性石けん（陽性石けん）は、中性洗剤と混ぜると効果が増す。

(3) アルコールは、手指や器具の消毒に用い、純アルコールより約70%溶液のほうが消毒力が強い。

(4) クレゾール石けん液は、臭いが強く、食器やふきんの消毒には適さない。

【36】食品残留農薬に関する記述で、誤っているものを選びなさい。

(1) ポジティブリスト制度により、基準が設定されていない農薬も一定以上含まれる場合は流通を禁止される。

(2) ポストハーベスト農薬は、収穫後に使用され、残留しないため規制されない。

(3) 有機リン剤のメタミドホスは、現在、製造及び使用が禁止されている。

(4) 有機塩素剤のDDTは、現在、製造及び使用が禁止されている。

【37】遺伝子組換え食品の表示、アレルギー物質を含む食品の表示で、誤っているものを選びなさい。

(1) 遺伝子組換え食品──任意表示　　　　(2) 遺伝子組換え不分別──義務表示

(3) 特定原材料──省令で定められたもの　　(4) 特定原材料に準ずるもの──通知で定められたもの

【38】食品衛生法に規定されていないものを選びなさい。

(1) 食品安全委員会に関すること。　　(2) 食品衛生監視に関すること。

(3) 食中毒患者の届出に関すること。　　(4) 食品添加物に関すること。

【39】寄生虫と予防方法として、誤っている組み合わせを選びなさい。

(1) アニサキス──魚介などを加熱調理、または−20℃で24時間以上冷凍する

(2) ズビニ鉤虫（十二指腸虫症）──田畑をはだしで歩かずゴム靴などを使用する

(3) 肝吸虫──野菜を流水でよく洗う

(4) 肺吸虫──淡水産のカニ類の生食を避け、十分な加熱処理をせずに食べない

【40】辛味に関する記述で、誤っているものを選びなさい。

(1) からしは、ぬるま湯で溶いて時間をかけると辛味が強くなる。　　(2) わさびは、ゆっくりおろすと辛味が強くなる。

(3) しょうがは、加熱すると辛味が強くなる。　　(4) とうがらしは、熱をかけても乾燥しても辛味に変化はない。

【41】様式別料理の特色を端的に表現した言葉として、誤っているものを選びなさい。

(1) 日本料理は、目で楽しむ料理である。　　(2) 西洋料理は、特に香りを楽しむ料理である。

(3) 中国料理は、味を重視した料理である。　　(4) 日本料理は、加熱料理が主体である。

【42】でんぷんに関する記述で、正しいものを選びなさい。

(1) でんぷんに水を加えて加熱すると、糊化し消化性が高まる。

(2) 糊化したでんぷんを低温で置いておくと、粘度が上昇する。

(3) 糊化したでんぷんから水分を除去すると、消化性が低下する。

(4) 砂糖を添加すると、でんぷんは老化しやすい。

【43】かつお節のだしの取り方に関する記述で、正しいものを選びなさい。

(1) 沸騰した湯の中に入れて、短時間で取り出す。　　(2) 水に入れ、沸騰後15分加熱する。

(3) 微温湯に入れて、長時間放置する。　　(4) 水に入れて、沸騰直前に取り出す。

【44】文中の（　　）に入る語句として、正しいものを選びなさい。

「油脂が劣化し、さらに劣化が進んで食用にならなくなる現象を広義には（　　　）という。」

(1) 腐敗　　(2) 分解　　(3) 結合　　(4) 変敗

【45】揚げ物に関する記述で、正しいものを選びなさい。

(1) 厚手の揚げ鍋に、ごく少量の油を用いる。　　(2) 油は熱しやすく冷めやすいため、適温管理が容易。

(3) 揚げ物は、揚げる前に比べ水分と油分の置換が起きて軽くなる。　　(4) 揚げ物の衣は、材料の水分を蒸発させる役目をする。

【46】ゼラチンに関する記述で、誤っているものを選びなさい。

(1) ゼリーは、砂糖濃度が高いほど崩れやすい。　　(2) ゼリーは、ゼラチン濃度が高いほど崩れにくい。

(3) ゲル化温度は、5〜10℃である。　　(4) 冷却時間が長いほど、ゼリー強度は高くなる。

【47】合わせ調味料に関する記述で、正しいものを選びなさい。

(1) 吉野酢は、三杯酢にかんきつ類の汁を合わせたものである。　　(2) 三杯酢は、だし汁、酒、食酢を合わせたものである。

(3) 一般的な二杯酢は、しょうゆと食酢を合わせたものである。

(4) 土佐酢は、食酢、しょうゆ、砂糖、みりんを合わせたものである。

【48】次の記述で、正しいものを選びなさい。

(1) 野菜を水に漬けると、水が細胞膜を通して内部へ入り、しんなりする。

(2) 野菜を濃い食塩水に漬けると、水分が外へ引き出され、しゃっきりする。

(3) 野菜に脱水が起こると、調味料が浸透しやすくなる。

(4) 野菜を長時間加熱すると、分子中のマグネシウムがはずれて色が濃くなる。

1回目 2回目

【49】 天然色素と色と食品として、誤っている組み合わせを選びなさい。

(1) クロロフィル──緑──ほうれん草　　(2) アントシアニン──赤～紫──ブルーベリー

(3) フラボノイド──黄──れんこん　　(4) ミオグロビン──赤──甲殻類

【50】 魚の切り方に関する記述で、誤っている組み合わせを選びなさい。

(1) 筒切り──さば、こい　　(2) 骨切り──たい　　(3) 松葉おろし──きす　　(4) 手開き──いわし

【51】 刺し身の添え物に関する記述で、誤っている組み合わせを選びなさい。

(1) けん──大根・うど・きゅうりなどを輪切りにしたもの　　(2) つま──花穂・防風・大葉・海藻類など

(3) 辛味──わさび・和がらし・おろししょうがなど　　(4) つけじょうゆ──生じょうゆ・土佐じょうゆなど

【52】 油脂に関する記述について、正しいものを一つ選びなさい

(1) オリーブオイルやパーム油は、その種子を原料として作られる。

(2) 褐色のごま油は、ごま種子を焙煎してから圧搾して製造される。

(3) マーガリンの油脂含有量は、80%以下と定められている。

(4) 動物油脂は、植物油脂に比較して不飽和脂肪酸含有量が多い。

【53】 ビタミンの損失に関する記述で、誤っているものを選びなさい。

(1) ビタミンDは、調理損失はほとんどない。　　(2) ビタミンB_1は、水溶性のため、ゆで汁や煮汁に溶け出す。

(3) ビタミンCは、加熱調理により酸化酵素が働くため、一時は増加する。

(4) ビタミンCは、長時間のゆで加熱によりゆで水に多く溶け出すため、大きな調理損失が出る。

【54】 エマルションに関する記述で、正しいものを選びなさい。

(1) 水と油は混じり合わないが、界面活性剤を介するとエマルションを作る。

(2) エマルションには、水中油滴型と油中水滴型があるが、マヨネーズは油中水滴型である。

(3) 油が粒子になって水の中に存在するエマルションにはバターやフレンチドレッシングがある。

(4) 卵白は脂質を33.5%も含むたんぱく質溶液であるが、卵白自身が油中水滴型のエマルションを形成する。

【55】 調理システムに関する記述で、正しいものを選びなさい。

(1) 調理後すぐに冷凍し、提供する際に再加熱するというシステムはクックサーブという。

(2) 加熱調理後に食品を急速冷却して低温（0～3℃）で保存し、提供時に再加熱するシステムはクックフリーズという。

(3) ブラストチラーとは冷気を強制対流させることで急速冷却する方式で、クックチルシステムで使われる。

(4) クックチルシステムでは食品の劣化が少なく、調理日を含めて10日間を限度として保存可能である。

【56】 落とし蓋の使用に関する記述について、誤っているものを一つ選びなさい。

(1) 煮物の煮くずれを防ぐ。　　(2) 煮汁が少なく、材料の上部が煮汁に浸らない場合に用いる。

(3) 材料に味を染み込ませやすくする。　　(4) 煮汁を速く蒸発させ、煮詰めたい場合に用いる。

【57】 食事バランスガイドに関する記述で、正しいものを選びなさい。

(1) 文部科学省と厚生労働省によって策定された。　　(2) 主に病気の人を対象として、食生活指針を具体化したもの。

(3) 主食、副菜、主菜、牛乳・乳製品、果物の5つに区分している。

(4) 食塩の摂取量や油脂類の摂取量についても細かく区分されている。

【58】 ユネスコ無形文化遺産に登録された「和食」の特徴に関する記述で、誤っているものを選びなさい。

(1) 会席料理やすし、天ぷらなどの料理　　(2) 栄養バランスに優れた健康的な食生活

(3) 正月などの年中行事との密接な関係　　(4) 多様で新鮮な食材とその持ち味の尊重

【59】 次の記述で、誤っているものを選びなさい。

(1) 20世紀後半にフランスで、ヌーベル・キュイジーヌ（新しい料理）の運動が起きた。

(2) 薬膳料理という言葉は中国古来のものではなく、1980年代に中国で使われ始めたものである。

(3) エスニック料理という言葉は、1980年代後半東南アジアで使われ始めたものである。

(4) 精進料理は動物性食品と五葷（ねぎやにんにくなどの薬味）を避けた料理である。

【60】 安土桃山時代の日本の食に関する記述で、誤っているものを選びなさい。

(1) この時代には茶の湯が大成し、茶会席料理が生まれた。料理は素朴で簡素なものをよしとし、一汁一菜が基本とされた。

(2) この時代に生まれた茶会席料理は、江戸時代になると当時流行した俳句会の会席料理との混同を嫌い、茶人によって懐石料理と呼ばれるようになった。

(3) この時代には、南蛮文化とともにかぼちゃ・じゃがいも・とうがらし・とうもろこしなどの食品が伝来した。

(4) この時代に伝来した南蛮料理としては、天ぷら・南蛮漬け・鶏の水炊きなどがある。菓子はカステラ・ビスケット・金平糖などが知られている。

[1] (2) **補足** 野生動物の死体は「一般廃棄物」として処理される。保健所は保健栄養・精神保健福祉・歯科保健・薬事・医療・食品衛生・環境衛生などの業務を行っている。

[2] (2) **補足** 憲法第25条は公衆衛生法の定義上極めて重要。

[3] (1) ★ここが✕➡ ルチンはフラボノイドの一種で、そばや柑橘類に含まれ、毛細血管を強化し血圧降下作用が期待される。過剰症は通常起こらない。

[4] (2) ★ここが✕➡ 対象は40歳から74歳の被保険者・被扶養者である。

[5] (2) ★ここが✕➡ （1）社会的要因と深い関係にある。（3）胃がんの危険因子としては、動物性食品や塩分の過剰摂取、ビタミンの摂取不足、刺激物などで、ストレスもそのひとつ。（4）軽いストレスはプラスになることがある。

[6] (1) ★ここが✕➡ 給水栓から0.1mg/ℓ以上の遊離残留塩素が検出されなければならない。

[7] (3) **補足** 調理師法により、2年ごとに就業地の都道府県知事に「調理師業務従事者届」を提出することが定められている。

[8] (1) ★ここが✕➡ これで免許を取り消されることはない。（2）、（3）、（4）はいずれも調理師法に定められた欠格事由に当たる。

[9] (2) ★ここが✕➡ 国民健康・栄養調査は毎年行われる。**補足** 健康増進法は、国民の健康の増進の総合的な推進を通じて、国民保健を図るもの。

[10] (2) **補足** （1）食料の供給構造を物量とその輸送距離により把握することができ、食料の輸入が地球環境に与える負荷の把握ができる。

[11] (4) ★ここが✕➡ （1）根菜類は大根、にんじん、かぶなど。（2）茎菜類は、ねぎ、アスパラガス、たけのこなど。（3）花菜類は、カリフラワー、ブロッコリーなど。

[12] (4) ★ここが✕➡ （1）酢の酸味の主成分は酢酸。（2）チョコレートの苦味成分はテオブロミン。（3）とうがらしの辛味はカプサイシン類。

[13] (2) ★ここが✕➡ （1）茶葉に含まれる酸化酵素の働き。（3）アルコール分を1%以上含むものが酒類。（4）リキュールは、蒸留酒に果実や香草などの副材料と甘味料、着色料などを加えたもの。

[14] (4) ★ここが✕➡ チーズは乳類に乳酸菌や凝乳酵素を加えて凝固させ、カビ付けを行うなどして熟成させたもの。

[15] (4) ★ここが✕➡ （1）寒天は天草。（2）カラギーナンはツノマタなどの紅藻類。（3）ゼラチンは動物の皮（特に豚）。

[16] (3) ★ここが✕➡ 構成成分で最も多いのは水。

[17] (4) ★ここが✕➡ 構成素は、たんぱく質、無機質、脂質。

[18] (3) ★ここが✕➡ （1）ショ糖は二糖類。（2）ガラクトースは単糖類。（4）ペクチンは多糖類。

[19] (4) ★ここが✕➡ （1）狭義にはリノール酸、α-リノレン酸の2種が必須脂肪酸だが広義にはDHA、EPA、アラキドン酸も含める。（2）EPA（IPA）は血中コレステロールを抑える。（3）停滞する時間が長く腹持ちがいい。

[20] (3) ★ここが✕➡ （1）骨の主成分となる体液をアルカリ性に保つ。（2）血液のヘモグロビンを形成する。（4）カルシウムと結合して骨や歯となる。

[21] (1) ★ここが✕➡ （2）動脈硬化の発症は生活習慣と関わりが深い。（3）心筋梗塞の誘因となる。（4）糖尿病の種類によっては遺伝的要因で発症するものもある。

[22] (3) ★ここが✕➡ （1）炭水化物、たんぱく質、脂質をバランスよくとる。（2）食物繊維やビタミンの多い野菜や果物は積極的にとる。（4）アルコールは控える。

[23] (4) ★ここが✕➡ （1）貧血は鉄の不足。（2）夜盲症はビタミンAの不足。（3）血清アルブミンの数値が低い場合は、低たんぱく症、ネフローゼ、肝硬変などの疑いがある。

[24] (4) ★ここが✕➡ 体重が落ちすぎないようにする。BMI18以下は痩せすぎであり、BMI21.5〜24.9が適切。

[25] (4) ★ここが✕➡ 「嘔吐型」はセレウス菌が食品中で産生した毒素（セレウリド）により嘔吐を引き起こす。（4）は下痢型の説明。

[26] (3) ★ここが✕➡ カンピロバクターの潜伏期間は長いのが特徴で、2〜7日。

[27] (4) ★ここが✕➡ 肉団子やカレーなどの加熱調理品に多い。予防は、大量調理する場合は食品をかき混ぜて酸素を送り込むことと、急速に冷却すること。

[28] (1) ★ここが✕➡ （2）カビの産生する毒素をマイコトキシンという。（3）麻痺性貝毒はサキシトキシン。（4）青梅はアミグダリン。**補足** シガトキシンは、シガテラ毒魚の成分。

[29] (3) **補足** 細菌性食中毒は4〜10月にかけてまんべんなく発生しているが、6〜7月の梅雨時期が特に多い。ウイルス性食中毒は12〜3月に集中して発生している。

[30] (4) ★ここが✕➡ 加熱殺菌をする。

[31] (1) ★ここが✕➡ （2）天然色素であっても添加物の物質名または一般名を表示。（3）化学的な着色料は熱や光に比較的安定している。（4）添加物として指定され、使用基準が定められている。

[32] (3) ★ここが✕➡ （1）旋毛虫は豚や熊肉から感染。（2）アニサキス症は、タラ、サバ、アジ、イカなどから感染。（4）無鉤条虫は牛肉から感染。

[33] (4) ★ここが✕➡ 指輪は外す。「指輪等の装飾品、腕時計、ヘアピン、安全ピン等は食品取扱施設内に持ち込まないこと」と規定されている。

[34] (3) ★ここが✕➡ 床面から60㎝以上。

[35] (2) ★ここが✕➡ 混ぜると効果が薄れる。

[36] (3) ★ここが✕➡ 収穫後に使用されるポストハーベスト農薬は残留量が多いため、食品添加物として規制される。

[37] (1) ★ここが✕➡ 遺伝子組換え食品は義務表示。

[38] (1) ★ここが✕➡ 食品安全委員会は、食品安全基本法が規定する。

[39] (3) ★ここが✕➡ 淡水魚などの生食を避ける。**補足** （1）のアニサキスは、サバ、サケ、ニシン、スルメイカ、イワシ、サンマ、ホッケ、タラ、マスなどにいる寄生虫。

[40] (3) ★ここが✕➡ しょうがの辛味成分は揮発性のため、加熱すると辛味が弱まる。

[41] (4) ★ここが✕➡ 刺し身などの非加熱料理も多い。

[42] (1) ★ここが✕➡ （2）粘度が上昇→粘度が下がる。（3）脱水により老化が起きないため消化性は低下しない。（4）老化しやすい→老化しにくい。

[43] (1) **補足** かつお節は水から入れると臭みが溶け出すので、沸騰した中に入れる。長時間沸騰させるとだしが濁るので短時間で取り出す。

[44] (4) **補足** 油脂の酸化が進んで食用に向かなくなることを変敗や酸敗と呼ぶ。

[45] (3) ★ここが✕➡ （1）たっぷりの油。（2）適温管理が難しい。（4）水分蒸発を防ぐ役目をする。**補足** 揚げ物は、揚げた後5〜15%の油を吸収する一方、から揚げで約40%、衣揚げで約20%の水分が蒸発している。

[46] (1) ★ここが✕➡ ゼリーは砂糖濃度が高いと強度が増加する。

[47] (3) ★ここが✕➡ （1）は、三杯酢や土佐酢などに葛を加えてとろみをつけたもの。（2）食酢、しょうゆ、みりんを合わせたもの。（4）三杯酢にかつお節を加えてうま味をプラスしたもの。

[48] (3) ★ここが✕➡ （1）しんなりする→張りが出る。（2）しゃっきりする→しんなりする。（4）濃くなる→あせる。

[49] (4) ★ここが✕➡ ミオグロビンを多く含むのは赤身の強い牛肉などで、豚肉や鶏肉は筋肉色素であるミオグロビンが少なく淡い赤をしている。甲殻類はアスタキサンチンによる。

[50] (2) ★ここが✕➡ 骨切りを行うのは、はも。

[51] (1) ★ここが✕➡ けんは、大根・うど・きゅうりなどを極千切りにしたもの。

[52] (2) ★ここが✕➡ （1）オリーブオイルやパーム油は、その果肉を原料として作られる。（3）マーガリンの油脂含有量は、80%以上と定められている。80%未満はファットスプレッド。（4）動物油脂は、植物油脂に比較して飽和脂肪酸含有量が多い。

[53] (3) ★ここが✕➡ ビタミンCは水に溶けやすく熱にも弱いため、時間とともに減っていく。

[54] (1) ★ここが✕➡ （2）、（3）水中油滴型のエマルションにはマヨネーズや牛乳、油中水滴型にはバターやフレンチドレッシングがある。（4）卵黄は脂質を多く含む水中油滴型のエマルションである。

[55] (3) **補足** クックチルシステムには、ブラストチラーとタンブルチラー方式がある。★ここが✕➡ （1）クックサーブは、加熱調理後すぐに提供する方式。（2）クックフリーズとは、食品を加熱調理後に急速冷凍して−18℃以下で保存し、提供時に再加熱する方式で、調理日を含めて1カ月間以上保存可能。（4）クックチルシステムは、調理日を含めて5日間が限度。

[56] (4) ★ここが✕➡ 煮汁の蒸発を防ぎ、急に煮詰まったり、焦げたりすることを防ぐ。

[57] (3) ★ここが✕➡ （1）食事バランスガイドは、農林水産省と厚生労働省によって策定された。（2）食事バランスガイドは、健康な個人や集団を対象として、食生活指針を具体的にするため「何を」「どれだけ」食べたらよいかをコマの形のイラストにして示したもの。（4）食塩や油脂類についての指針は示されていない。

[58] (1) **補足** ユネスコ無形文化遺産に登録されたのは「食に関する社会的慣習」。「無形」文化なので、会席料理やすし、天ぷらといった特定の食事ではない。

[59] (3) ★ここが✕➡ エスニック料理という言葉は、1960年代にアメリカで使われ始めたもの。

[60] (1) ★ここが✕➡ 一汁一菜ではなく、一汁三菜が基本。

第4回 実力テスト

公衆衛生学【1】～【9】		食品学【10】～【15】		栄養学【16】～【24】		食品衛生学【25】～【39】		調理理論【40】～【57】		食文化概論【58】～【60】	
1回目 /9問	2回目 /9問	1回目 /6問	2回目 /6問	1回目 /9問	2回目 /9問	1回目 /15問	2回目 /15問	1回目 /18問	2回目 /18問	1回目 /3問	2回目 /3問

1回目 2回目

【1】衛生統計に関する記述で、正しいものを選びなさい。

(1) 患者調査は、感染症患者の統計である。

(2) 国民生活基礎調査では、国民の栄養摂取状況を調査している。

(3) 食中毒統計には、年間の食中毒発生件数・患者数などが記載されている。

(4) 乳児死亡率は、国勢調査のデータを基にしている。

【2】衛生行政活動を行う機関の組み合わせとして、誤っているものを選びなさい。

(1) 学校の児童の保健衛生——文部科学省　　(2) 労働者の保健衛生——経済産業省

(3) 環境保全・環境政策——環境省　　(4) 一般衛生行政———厚生労働省

【3】最近の10年間の国民健康・栄養調査による傾向に関する記述で、誤っているものを選びなさい。

(1) エネルギー摂取量の平均値は減少傾向にある。

(2) 成人の1日の食塩摂取量の平均値は減少傾向にある。

(3) 女性の肥満者の割合は大幅に減少している。

(4) 習慣的に喫煙している人の割合は減少傾向にある。

【4】生活習慣病に関する組み合わせのうち、正しいものを一つ選びなさい。

(1) 腹囲（男性 ≧ 85cm・女性 ≧ 90cm）——皮下脂肪型肥満

(2) HbA1c 高値——糖尿病

(3) 拡張期血圧 ≧ 85mmHg ——高脂血症

(4) 低 LDL コレステロール血症——脂質異常症

【5】「健康日本21」の目標に掲げられていないものを選びなさい。

(1) 運動習慣者の増加　　(2) 禁煙支援プログラムの普及　　(3) 未成年者の飲酒をなくす　　(4) 食料自給率の向上

【6】高齢者保健に関する記述で、誤っているものを選びなさい。

(1) 認知症は、アルツハイマー型と脳血管疾患型に大別され、近年はアルツハイマー型が増加し、認知症の半数を占める。

(2) 介護保険制度は3年ごとに見直すことになっている。

(3) 介護保険の被保険者は、第1号被保険者（75歳以上）と第2号被保険者（40～74歳）からなる。

(4) 寝たきりや認知症、虚弱の高齢者数は、2025年には約500万人以上が見込まれている。

【7】次の項目と理想的な値として、誤っている組み合わせを選びなさい。

　　　　　項目　　　　　　　値

(1) 生活至適温度——— 17 ～ 21℃

(2) 生活至適湿度——— 68 ～ 78%

(3) 調理室全体の照度—— 150 ルクス以上（労働安全衛生法）

(4) 調理作業面の照度—— 300 ルクス以上（労働安全衛生法）

【8】調理師の免許に関する記述で、正しいものを選びなさい。

(1) 5年ごとに更新しなければならない。

(2) 取得後、氏名に変更が生じたときは、30日以内に免許証を与えた都道府県知事に、調理師名簿訂正の申請をしなければならない。

(3) 免許の取り消しを受けた者は、処分後5年を経過しないと、調理師免許を取得することはできない。

(4) 取得後、転居した場合は新しい住所地の都道府県知事に届け出なければならない。

【9】健康増進法に基づく特別用途食品として、誤っているものを選びなさい。

(1) アレルゲン除去食品　　(2) 低脂肪食品　　(3) 嚥下困難者用食品　　(4) 無乳糖食品

【10】動物性食品に関する記述で、正しいものを選びなさい。

(1) 動物性食品は、一般にたんぱく質と糖質が豊富で、脂質はほとんど含まれていない。

(2) 動物性食品は、一般に糖質と脂質が豊富で、たんぱく質はほとんど含まれていない。

(3) 動物性食品は、一般にたんぱく質と脂質が豊富で、糖質はほとんど含まれていない。

(4) 動物性食品は、一般に炭水化物が少なく、でんぷんとしてわずかに含まれている。

【11】油脂類に関する記述で、誤っているものを選びなさい。

(1) 植物油にはリノール酸が多い。　　　　(2) 植物油にはビタミンCが多い。

(3) 植物油はビタミンEを含んでいる。　　(4) バターは小さな脂肪酸(短鎖脂肪酸)が連なっているため、消化吸収がよい。

【12】いも類に関する記述で、誤っているものを選びなさい。

(1) さつまいもは、糖質が多く、たんぱく質、脂質は少ない。(2) じゃがいもには、発芽時の芽にソラニンという毒素がある。

(3) やまといもは、すりおろすと特有のねばりが出る。　　(4) さといもには、セルロースという水溶性食物繊維が多い。

【13】豆腐に関する記述で、正しいものを選びなさい。

(1) 絹ごし豆腐は、木綿豆腐よりたんぱく質含量が多い。

(2) 絹ごし豆腐は、木綿豆腐よりカルシウム含量が多い。

(3) 充填豆腐は、容器に密封後、加熱凝固させて製造する。

(4) 凝固剤として使われる「天然にがり」の主成分は、硫酸カルシウムである。

【14】レトルト食品に関する記述で、誤っているものを選びなさい。

(1) レトルトとは、耐熱性のプラスチック容器の名称のことである。

(2) 高温加熱殺菌と加圧調理の両者を利用している。

(3) JAS規格では、レトルトパウチ食品と呼称されている。

(4) 長期保存が可能である。

【15】次の食品のエネルギーを算出した場合、正しいものを選びなさい。

「糖質25g、たんぱく質15g、脂質10g、無機質2gを含む食品」

(1) 200kcal　　(2) 250kcal　　(3) 258kcal　　(4) 268kcal

【16】栄養素と生体内での役割として、誤っている組み合わせを選びなさい。

(1) ビタミン——体機能を順調に維持・調整　　(2) たんぱく質——体組織の成長と補充

(3) 脂質——活動のエネルギー源　　　　　　(4) 糖質（炭水化物）——体機能を順調に維持・調整

【17】多糖類に関する記述で、誤っているものを選びなさい。

(1) 多糖類は、多数の単糖類が結合したものである。

(2) 多糖類には、グリコーゲン、セルロース、ペクチン、ガラクタンなどがある。

(3) ガラクタンは動物性のエビ・カニ殻の成分である。

(4) セルロースは、野菜や豆類などの植物性細胞壁の主成分である。

【18】ビタミンに関する記述で、誤っているものを選びなさい。

(1) ビタミンは、水溶性と脂溶性に大別される。　　　　(2) ナイアシンの欠乏症は、ペラグラとして知られる。

(3) ビタミンB₁は、欠乏すると脚気、神経系障害を起こす。　(4) ビタミンCは、短時間の加熱にも弱いビタミンである。

【19】無機質に関する記述で、誤っているものを選びなさい。

(1) カルシウムは、血液凝固作用に関係する。　　　　(2) リンは、骨と歯の成分である。

(3) カリウムは、たんぱく質とともに爪や髪、皮膚をつくる。　(4) ナトリウムは、体液の浸透圧を維持する。

【20】消化・吸収に関する記述で、誤っているものを選びなさい。

(1) 水や無機質は、小腸および大腸で吸収される。

(2) 脂溶性ビタミンは、脂質とともに摂取すると吸収がよくなる。

(3) 鉄は、大腸で吸収され、吸収率は高い。

(4) 消化吸収率は、摂取した栄養素量に対して吸収された栄養素量を百分率（%）で表したものである。

【21】病人の栄養に関する記述で、誤っているものを選びなさい。

(1) 糖尿病の食事では、決められたエネルギーのなかで、栄養素バランスに気をつけることが基本である。

(2) 高血圧症では減塩食でバランスのとれた食事が基本となる。

(3) 痛風の食事は脂質、炭水化物の摂取に気をつけ、適正体重を保つように心がける。たんぱく質やアルコールの制限は特にない。

(4) 腎臓病では食塩、水分、たんぱく質を控え、エネルギーは適正量にする。

【22】ライフステージと栄養に関する記述で、誤っているものを選びなさい。

(1) 人工栄養には感染抑制作用を持つ免疫物質が含まれている。

(2) 乳児の間食は、3食の食事同様、栄養バランスを考える。

(3) 学童期の食生活においては、孤食、個食、偏食、欠食などの食習慣とその弊害が見られる。

(4) 高齢者は、生活習慣病の予防のためにも味付けは控え目にしたほうがよい。

1回目 2回目

【23】 ホルモンに関して、誤っている組み合わせを選びなさい。

(1) 副腎皮質ホルモン──アルドステロン──塩類と水分代謝　　(2) すい臓ホルモン──インスリン──血糖低下作用

(3) 副腎髄質ホルモン──グルカゴン──血糖上昇作用　　(4) 甲状腺ホルモン──サイロキシン──バセドウ病

【24】 日本人の食事摂取基準に関する記述で、正しいものを選びなさい。

(1) 過剰摂取による健康障害の予防も目的である。　　(2) 生活習慣病の治療を目的としている。

(3) 65歳以上の高齢者は対象とならない。　　(4) 集団の給食計画には活用できない。

【25】 食中毒の病原菌と症状として、誤っている組み合わせを選びなさい。

(1) 腸炎ビブリオ──下痢・腹痛・嘔吐・発熱　　(2) サルモネラ属菌──吐き気・嘔吐・下痢・腹痛・発熱

(3) ボツリヌス菌──嚥下困難・複視・呼吸困難・発熱　　(4) ブドウ球菌──吐き気・嘔吐・下痢・腹痛

【26】 微生物に関する記述で、誤っているものを選びなさい。

(1) 有益な微生物は、発酵・熟成させて品質を高める。(2) 疾病や健康障害を起こす有害な微生物は、衛生微生物という。

(3) 食中毒を起こす微生物は、細菌、ウイルス、原虫などに分類される。

(4) 微生物が増殖する3大条件は、栄養分・酸素・温度である。

【27】 食品と自然毒として、誤っている組み合わせを選びなさい。

(1) 青梅──チクトキシン　　(2) じゃがいもの芽──ソラニン

(3) 米のカビ毒──アフラトキシン　　(4) 毒きのこ──ムスカリン

【28】 細菌性食中毒に関する記述で、誤っているものを選びなさい。

(1) 細菌性食中毒は、病原細菌によって汚染されている食品を飲食することにより発症する。

(2) 発症の仕方には、大きく分けて感染型と毒素型がある。

(3) 腸炎ビブリオやカンピロバクターは、感染型である。

(4) サルモネラ属菌は、毒素型である。

【29】 ノロウイルスに関する記述で、誤っているものを選びなさい。

(1) 感染力は強く、10〜100個程度で発病する。　　(2) わが国では、主に夏季に集団給食施設食中毒として起こる。

(3) 消毒用アルコールによる消毒効果は期待できない。　　(4) 85℃、1分間以上の加熱で不活性化する。

【30】 食中毒対策に関する記述で、誤っているものを選びなさい。

(1) 食中毒の原因と思われる食品の残りを保存しておくことが大切である。

(2) 集団給食施設では、原材料及び調理済み食品を50g程度ずつ清潔な容器に入れ、0℃以下で1週間保存する。

(3) 原材料の納入は調理従事者等が立ち会い、検収場で点検を行い、その結果を記録する。

(4) 加熱調理食品は、中心部が75℃で1分間以上加熱されていることを確認する。

【31】 合成樹脂製の器具・包装容器に関する記述で、誤っているものを選びなさい。

(1) フェノール樹脂（PF）は、皿や汁椀に用いられている。

(2) シリコン樹脂（SI）は、哺乳瓶の乳首やパッキンに用いられている。

(3) ポリカーボネート（PC）は、金属缶の内面塗装に用いられている。

(4) ポリエチレンテレフタレート（PET）は、飲料ボトルに用いられている。

【32】 食品添加物の表示における用途名と物質名として、正しい組み合わせを選びなさい。

(1) 保存料──スクラロース　　(2) 漂白剤──亜硫酸ナトリウム

(3) 甘味料──ソルビン酸　　(4) 酸化防止剤──TBZ（チアベンダゾール）

【33】 化学的消毒法に関する記述で、誤っている組み合わせを選びなさい。

(1) 逆性石けん──普通の石けんと混ぜると効果が弱くなる　　(2) ホルマリン──器具等の消毒に使用

(3) 塩素剤──金属は腐食する　　(4) アルコール──100%溶液が最も消毒力が強い

【34】 次の記述で、誤っているものを選びなさい。

(1) 腐敗とは、食品中のたんぱく質が分解し、食用に適さないようになることである。

(2) 変敗とは、食品中の炭水化物や脂肪が分解し、変色し、酸味を帯びて食べられなくなることである。

(3) 食品中の水分活性が低いほど、細菌は増殖しやすい。

(4) 発酵とは、細菌や酵母により炭水化物が分解されることだが、食用に利用される。

【35】 食品への異物混入防止に関する記述で、誤っているものを選びなさい。

(1) 調理中は帽子などで頭を覆う。　　(2) 異物混入のおそれがあるものは、ふるい分け、ろ過、水洗いなどを行う。

(3) 調理場の窓は開け放し、風通しをよくする。　　(4) 常に異物検査し、混入の発見と原因究明に努める。

1回目 2回目

【36】衛生管理に関する記述で、誤っているものを選びなさい。

(1) 野菜や果物は、次亜塩素酸ナトリウム溶液などに浸した後、流水ですすぎ洗いを行う。

(2) 生肉は食中毒菌にすでに汚染されているものがあるので、まな板や包丁などは専用のものを使用する。

(3) 肉料理につける調味液（たれ）は、加熱前や加熱中につけるたれと、加熱後につけるたれを区別する。

(4) ウエルシュ菌が増殖しやすい煮込み料理は、前日調理したものは翌日再加熱すれば大丈夫である。

【37】食品衛生法に規定する営業の許可に関する記述で、誤っているものを選びなさい。

(1) 都道府県知事は、営業許可に5年以上の有効期限を定めることができる。

(2) 保健所長は、営業許可に3年以上の期限延長を定めることができる。

(3) 食品衛生法に規定する営業許可は、飲食店営業その他、公衆衛生に与える影響が著しい一定の営業を営もうとする者が対象。

(4) 食品衛生法に規定する営業の許可は、都道府県知事による。

【38】消毒に関する記述で、正しいものを選びなさい。

(1) 客用タオル（おしぼり）は、冷蔵庫で冷却することも消毒方法の1つである。

(2) 逆性石けんは、洗浄作用は弱いが殺菌作用が強いので、手指の消毒に用いられる。

(3) クレゾール消毒は臭いも弱く、消毒作用が強いので、調理前の消毒に適している。

(4) 紫外線照射は、表面だけでなく深層にも効果がある。

【39】寄生虫に関して、正しい組み合わせを選びなさい。

(1) マンソン裂頭条虫──豚肉 　　(2) 旋毛虫──熊肉

(3) アニサキス──カエル、ヘビ 　　(4) トキソプラズマ──アジ、イカ

【40】オゾン水を用いた消毒法に関する記述について、誤っているものを一つ選びなさい。

(1) 大腸菌やブドウ球菌、サルモネラ菌などを除菌する。

(2) 液体の中に溶存するオゾンは時間経過とともに、水と酸素に戻る。

(3) オゾン水のオゾン濃度は、5時間程度経過しても減少することはない。

(4) カット野菜や果物の洗浄除菌にも活用されている。

【41】次の新調理システムに関する記述のうち、正しいものを選びなさい。

(1) 真空調理法は、無酸素状態で衛生的に処理ができるため、再加熱では食材の中心温度に配慮する必要はない。

(2) 真空調理法では、食材の重量変化が大きく、調味料の浸透も不均一になる。

(3) 新調理システムは、喫食者のニーズの多様化、料理の衛生的安全性、調理作業の繁閑差の縮小、経済性を追求した集中計画生産システムである。

(4) クックフリーズシステムとは、クックチルシステムの急速冷却の工程から更に冷却を続け、−10℃以下としたものである。

【42】調味料の味付け以外の役割で、砂糖、食塩、食酢に共通するものを選びなさい。

(1) 微生物の増殖を抑える。　(2) 水分を食材に閉じ込める。　(3) 熱による凝固を遅らせる。　(4) 酵素の活性を促す。

【43】衣による揚げ温度の判定に関する記述で、正しい組み合わせを選びなさい。

(1) 120℃──下まで沈み、ゆっくりと浮き上がってくる　(2) 140℃──中ほどまで沈み、しばらくしてすっと浮き上がってくる

(3) 160℃──軽く沈み、すぐに浮いてくる　　　(4) 190℃──すぐに表面にパッと散る

【44】砂糖を煮詰めてカラメルを作るのに最も適切な温度を選びなさい。

(1) 100〜120℃　　(2) 140〜150℃　　(3) 160〜180℃　　(4) 200〜220℃

【45】吸水させたときに重量や容積の増加が最も大きいものを選びなさい。

(1) 緑豆春雨　　(2) 乾燥しいたけ　　(3) ビーフン　　(4) 焼き麩

【46】でんぷんの糊化を利用した食品として、誤っているものを選びなさい。

(1) インスタントラーメン　　(2) ビスケット　　(3) チョコレート　　(4) 羊羹

【47】乾燥豆の調理性に関する記述で、正しいものを選びなさい。

(1) 黒豆は、釘を入れて煮ると鮮やかな赤色になる。　(2) 小豆は、一晩水に浸けてから煮る。

(3) 大豆は、重曹を入れて煮るとやわらかくなる。　　(4) うずら豆は、水に浸けておかないですぐに煮る。

【48】ゆでものへの添加材料で、誤っているものを選びなさい。

(1) うどやごぼうは、酢を入れてゆでる。　　(2) たけのこは、米ぬかを加えるか、米のとぎ汁でゆでる。

(3) ほうれん草は、酢を加えてゆでる。　　(4) わらびやぜんまいは、重曹を加えてゆでる。

1回目 2回目

【49】調理操作に関する記述で、誤っているものを選びなさい。

(1) 煮る操作は、食品の成分の移行が大きい。　　(2) 煮る操作は、温度の保持が困難である。
(3) 蒸す操作は、食品の成分の移行が小さい。　　(4) 蒸す操作は、味付けが困難である。

【50】食品と香気成分に関する記述で、誤っている組み合わせを選びなさい。

(1) まつたけ──桂皮酸メチル　　　　(2) しいたけ──ギ酸エチル
(3) かんきつ類──リモネン、シトラール　　(4) はっか──メントール

【51】切り方と食品として、誤っている組み合わせを選びなさい。

(1) じゃばら切り──きゅうり　　(2) たづな切り──ごぼう　　(3) かつらむき──大根　　(4) 小口切り──ねぎ

【52】電子レンジに関する記述で、正しいものを選びなさい。

(1) 加熱むらを防ぐには、一度に大量加熱を行う。　　(2) 短時間加熱なので、ビタミン類の損失が大きい。
(3) 水分の蒸発が多いので、アルミホイルで包むとよい。　　(4) 食品内部の発熱なので、熱効率がよい。

【53】献立に関する記述で、誤っているものを選びなさい。

(1) 小児の献立は、濃い味付けや強い刺激物を避け、おやつを含めて回数を増やす。
(2) 児童・生徒の献立は、動物性たんぱく質が十分なら、カルシウムやビタミンは少量でもよい。
(3) 妊娠・授乳期の献立は、エネルギー、たんぱく質、無機質を十分に摂取するように配慮する。
(4) 高齢期の献立は、たんぱく質の不足に注意し、無機質やビタミンを十分に摂取するようにする。

【54】西洋料理のソースに関する記述について、正しいものを一つ選びなさい。

(1) ルーは、小麦粉と油脂を混ぜて加熱したもので、ソースの濃度づけや風味を増すために用いる。
(2) リエゾンは、ソースを作るときに必要な煮出し汁である。
(3) フォンは、スープやソースに適度な濃度をつけたり、つなぎの役割をする。
(4) 魚料理には、鶏肉の煮出し汁で作ったソースを用いる。

【55】ブランチングに関する説明について、（　　）に入る語句として、正しい組み合わせを選びなさい。

「ブランチングとは、野菜や果物に含まれる（　A　）による褐変などの品質低下を防ぐため、煮沸処理などの加熱法により（　B　）をさせる操作のことである。」

	A	B		A	B		A	B		A	B
(1)	ビタミン──酵素活性		(2)	ミネラル──防さび効果		(3)	アミノ酸──糖質分解		(4)	酵素──酵素失活	

【56】西洋料理の調理器具に関する記述で、正しい組み合わせを選びなさい。

(1) マルミット────肉や野菜のソテーや、魚のポッシェなどに用いる鍋
(2) スケッパー────鍋やボウルに残ったソースなどをきれいに取ったりする器具
(3) シノワ──────円すい形の金属製のこし器で、ソースのうらごしなどに使う器具
(4) マンドリーヌ──玉じゃくしの一種で、ソースかけ、スープすくいなどに使う器具

【57】ゼラチンの調理特性に関する記述で、誤っているものを選びなさい。

(1) ゼラチン濃度が高まれば、凝固温度もゲルの再融解温度も高くなる。
(2) ゼラチンゼリーは接着力が強いので、多層ゼリーをつくるのに適する。
(3) パパイヤやキウイフルーツを生でゼリーに加えると凝固しやすい。
(4) ゼラチンの溶解温度は 35 〜 40℃であり、60℃の湯煎にすれば過熱が避けられる。

【58】江戸時代と日本料理の完成に関する記述で、誤っているものを選びなさい。

(1) 江戸中期から後期にかけて長崎に開業した西洋料理店のオランダ料理が、唐料理と折衷して長崎名物卓袱(しっぽく)料理となった。
(2) 江戸初期には、普茶(ふちゃ)料理が発達した。これは宇治の黄檗宗萬福寺(おうばくしゅうまんぷくじ)に伝えられた中国風精進料理。
(3) 江戸時代、中国で成立した精進料理の思想を取り入れた日本独自の精進料理が開発された。
(4) 江戸時代、都市の市民の食生活は明らかに向上したが、白米食が進み江戸患いと呼ばれる「脚気(かっけ)」の増加が見られた。

【59】中国料理について、誤っている組み合わせを選びなさい。

(1) 東方──上海、江蘇料理──東坡肉(トンポーロー)　　(2) 西方──四川、雲南料理──酢豚
(3) 南方──広東、福建料理──飲茶点心　　(4) 北方──北京、山東料理──餃子

【60】現在の日本の食料生産と消費のバランスに関する記述で、誤っているものを選びなさい。

(1) 米、野菜を除くほとんどの食品を輸入に頼っている。
(2) 米の摂取量は 1962（昭和 37）年をピークに減少している。
(3) わが国における食料自給率は、世界的水準と同等である。
(4) 家庭や外食における多量の残食や、食料品店の店頭からの廃棄量は膨大である。

[1] (3) ★ここが✕⇨ (1) 感染症患者だけでなく、傷病全体。(2) 国民生活基礎調査では、保健、医療、福祉、年金、所得等の調査をしている。(4) 人口動態統計のデータを基にしている。

[2] (2) ★ここが✕⇨ 労働者の保健衛生の実施機関は厚生労働省。

[3] (3) ★ここが✕⇨ 令和元年の調査では、20歳以上の女性の肥満者の割合は22.3%であり、この10年間で有意な増減はみられない。やせの割合もここ10年間で有意な増減はみられない。

[4] (2) ★ここが✕⇨ (1) 皮下脂肪型肥満→内臓脂肪型肥満。(3) 高脂血症→高血圧症。(4) 低LDLコレステロール血症→高LDLコレステロール血症。

[5] (4) ★ここが✕⇨ 食料自給率の向上は食育基本法。補足 「健康日本21」は日本における健康づくり運動。

[6] (3) ★ここが✕⇨ 第1号被保険者（65歳以上）、第2号被保険者（40歳〜64歳）。

[7] (2) ★ここが✕⇨ 生活至適湿度は45〜65%。補足 一般に人が最も気持ちいいと感じる気温を「生活至適温度」、湿度を「生活至適湿度」という。

[8] (2) ★ここが✕⇨ (1) 更新は必要ない。(3) 処分後1年。(4) 住所は届出の必要がない。

[9] (2) 補足 特別用途食品には、乳児・妊産婦・病者用などがある。

[10] (3) 補足 動物性食品は、たんぱく質、脂質が多く、糖質、食物繊維はほとんど含まれない。糖質、食物繊維を多く含むのは植物性食品。動物性食品には、グリコーゲンやブドウ糖といった炭水化物が少量含まれる。

[11] (2) ★ここが✕⇨ 植物油に多く含まれているのはビタミンE。

[12] (4) ★ここが✕⇨ さといもに多いのは、ムチン、ガラクタン、グルコマンナンなどの水溶性食物繊維。セルロースは不溶性食物繊維。

[13] (3) ★ここが✕⇨ (1)、(2) 木綿豆腐のほうがたんぱく質、カルシウムは多い。(4) にがりの主成分は塩化マグネシウム。

[14] (1) ★ここが✕⇨ レトルトとは加熱殺菌をする釜を指す。気密性及び遮光性を有する容器で、一般的にポリプロピレンと合成樹脂やアルミ箔をラミネート加工したフィルム。

[15] (2) 補足 食品のエネルギー値を求めるには、3大栄養素1gにアトウォーター係数を掛けて算出する。このアトウォーター係数は、糖質＝4kcal、たんぱく質＝4kcal、脂質＝9kcal。エネルギー算出は3大栄養素のみで、無機質は含まない。

[16] (4) ★ここが✕⇨ 糖質はエネルギー源。

[17] (3) ★ここが✕⇨ ガラクタンは、海藻やさといもなどに含まれ、ぬめりの主成分。

[18] (4) ★ここが✕⇨ ビタミンCは短時間の高温加熱には強い。

[19] (3) ★ここが✕⇨ カリウムは、ナトリウムとともに作用して浸透圧を維持する。

[20] (3) ★ここが✕⇨ 鉄は、小腸上部の粘膜から吸収され、吸収率は低い。

[21] (3) ★ここが✕⇨ たんぱく質やアルコールには、痛風の原因であるプリン体が多いので控える。

[22] (1) ★ここが✕⇨ 感染抑制作用を持つ免疫物質が含まれているのは母乳。特に初乳には多い。

[23] (3) ★ここが✕⇨ 副腎髄質ホルモンには、アドレナリン（血糖・血圧の上昇）、ノルアドレナリン（筋肉の収縮）がある。

[24] (1) ★ここが✕⇨ (2) 生活習慣病の予防。(3) 健康な個人または集団が対象。(4) 学校や事業所等の給食提供のための基礎となるデータ。

[25] (3) ★ここが✕⇨ ボツリヌス菌食中毒の症状で、発熱はほとんどない。補足 ブドウ球菌の中毒症状においても、発熱はほとんどない。

[26] (4) ★ここが✕⇨ 増殖の3大条件は、栄養分・水分・温度。

[27] (1) ★ここが✕⇨ 青梅に含まれる毒素成分はアミグダリン。

[28] (4) ★ここが✕⇨ サルモネラ属菌は感染型。毒素型は、黄色ブドウ球菌やボツリヌス菌など。

[29] (2) ★ここが✕⇨ ノロウイルスは冬季である10月〜4月に起きる。営業給食施設（飲食店や仕出屋など）に由来する患者数が多いが、近年は集団給食施設での事例も出ている。

[30] (2) ★ここが✕⇨ 0℃以下で1週間保存→−20℃以下で2週間保存。

[31] (3) ★ここが✕⇨ ポリカーボネートが多いのは、集団給食用の食器など。

[32] (2) ★ここが✕⇨ (1) 保存料はソルビン酸など。スクラロースは甘味料。

(3) 甘味料はD-ソルビトールなど。ソルビン酸は保存料。(4) 酸化防止剤はエリソルビン酸など。TBZは殺菌剤・防カビ剤。

[33] (4) ★ここが✕⇨ 約70%溶液のほうが消毒力は強い。

[34] (3) ★ここが✕⇨ 水分活性が低い→水分活性が高い。

[35] (3) ★ここが✕⇨ 異物混入の原因となりやすいので調理場の窓は閉める。

[36] (3) ★ここが✕⇨ ウエルシュ菌は加熱で死滅しない。特に前日調理したものは菌が増殖しているので、調理は当日に行う。

[37] (2) 補足 食品衛生法によると、「飲食店営業その他、公衆衛生に与える影響が著しい一定の営業を営もうとする者は、都道府県知事の許可を得なければならない。都道府県知事は、この許可に5年以上の有効期限を定めることができる。」とされる。

[38] (2) ★ここが✕⇨ (1) 客用タオルの消毒は、100℃以上の蒸気消毒と決められている。(3) 臭いが強いので不向き。(4) 紫外線の効果は表面のみ。

[39] (2) ★ここが✕⇨ (1) 犬や猫。(3) 第1中間宿主はオキアミ。第2中間宿主はサバ、アジなど。(4) 豚肉、猫の糞。

[40] (3) 補足 オゾン水中のオゾンは、生成されてから30分程度で通常の酸素に変化する。

[41] (3) ★ここが✕⇨ (1) 衛生的な観点から、厚生労働省では芯温75℃以上、1分間の加熱としている。(2) 真空調理は成分の損失がなく、調味料の浸透も均一になる。(4) −18℃以下にしたもの。

[42] (1) 補足 食塩・砂糖には脱水作用、酢には殺菌作用があり、一定以上の濃度の場合、微生物の増殖を抑える。

[43] (4) ★ここが✕⇨ (1) は150℃、(2) は160℃、(3) は180℃。

[44] (3) 補足 水と砂糖を100℃以上で煮詰めると、煮詰める温度により、さまざまな状態になる。

[45] (4) 補足 乾物の吸水率は、緑豆春雨4.5倍、乾燥しいたけ5〜5.5倍、ビーフン3倍、焼き麩8倍。

[46] (3) 補足 でんぷんを水とともに加熱することで、でんぷん粒が水を吸収し膨張して糊状の物質に変わることを糊化といい、糊化したでんぷんをαでんぷんという。インスタントラーメン、ビスケットは糊化したでんぷんを乾燥させたもの、羊羹は糊化したところに大量の砂糖を加えたもの。

[47] (3) ★ここが✕⇨ (1) 赤色ではなく、黒く艶が出る。(2) 小豆の吸水には10〜20時間もかかり、皮より内部のほうが吸水するため胴切れを起こしやすいので、一般的には水に浸けておかないですぐに煮る。(4) うずら豆は一晩水に浸けてから煮る。

[48] (3) ★ここが✕⇨ 酢ではなく塩を加えてゆでる。

[49] (2) ★ここが✕⇨ 煮る操作は成分の移行が大きく、温度の保持が容易。

[50] (2) ★ここが✕⇨ ギ酸エチルは、天然にはパイナップル、ラズベリーなどに含まれている香気成分。しいたけの香気成分はレンチオニン。

[51] (2) ★ここが✕⇨ たづな切りは、こんにゃくに用いられる。

[52] (4) ★ここが✕⇨ (1) 一度に大量加熱すると、加熱むらがより起こる。(2) ビタミンの損失は少ない。(3) 電子レンジ加熱の場合、アルミホイルは避ける。

[53] (2) ★ここが✕⇨ 成長期の児童・生徒は、カルシウムやビタミンも十分にとるようにする。

[54] (1) ★ここが✕⇨ (2) リエゾンはつなぎの役割をする。(3) フォンはソースを作るときに必要な煮出し汁。(4) 魚料理には魚の煮出し汁（フュメ・ド・ポアソン）で作ったソースを用いる。

[55] (4) 補足 酵素の失活以外に細胞組織内の酸素を除去する、微生物の数を減少させるなどの効果がある。

[56] (3) ★ここが✕⇨ (1) マルミットは長時間の煮込みに使う深鍋。(2) スケッパーは生地にバターを切りながら混ぜたり、こねた生地を切り分けたりする器具。(4) マンドリーヌは野菜のせん切りなど、いろいろな形に切る器具。

[57] (3) ★ここが✕⇨ プロテアーゼを含むパパイヤやパイナップルやキウイフルーツを生でゼリーに加えると、ゼラチンが分解し、凝固力を失う。

[58] (3) ★ここが✕⇨ 日本独自の精進料理が生まれたのは、鎌倉時代。

[59] (2) ★ここが✕⇨ 麻婆豆腐、ザーサイなど。酢豚は広東、福建料理。

[60] (3) ★ここが✕⇨ 日本の食料自給率は令和3年度で38%で、世界的水準より低い。

公衆衛生学【1】～【9】		食品学【10】～【15】		栄養学【16】～【24】		食品衛生学【25】～【39】		調理理論【40】～【57】		食文化概論【58】～【60】	
1回目 /9問	2回目 /9問	1回目 /6問	2回目 /6問	1回目 /9問	2回目 /9問	1回目 /15問	2回目 /15問	1回目 /18問	2回目 /18問	1回目 /3問	2回目 /3問

1回目 2回目

【1】 感染症の分類として、正しい組み合わせを選びなさい。

(1) 呼吸器感染症──インフルエンザ、ジフテリア、狂犬病　　(2) 消化器系感染症──腸チフス、赤痢、コレラ

(3) 神経系感染症──日本脳炎、つつが虫病、ポリオ　　(4) 発しん性感染症──風しん、麻しん、百日咳

【2】 WHO憲章の記述で（　　　）内に入る語句の組み合わせとして、正しいものを選びなさい。

　「WHO憲章では、健康の定義を『健康とは、単に疾病や（　A　）でないということだけではなく、肉体的、精神的並びに（　B　）に完全に（　C　）な状態である』としている。」

　　　　　A　　　　　B　　　　C

(1) 症候群──経済的──普　遍

(2) 虚　弱──社会的──良　好

(3) 虚　弱──経済的──普　遍

(4) 症候群──社会的──良　好

【3】 人口静態統計に関する記述のうち、誤っているものを一つ選びなさい。

(1) 特定の一時点における人口集団の特性を表している。

(2) 5年ごとに国勢調査を行って集計する。

(3) 人口静態統計により健康寿命を算出している。

(4) 高齢化率、老年人口指数等が推計されている。

【4】 （　　　）に入る語句として、正しいものを選びなさい。

　「感染症予防の原則は、感染源に対する対策、感染経路対策、（　　　）対策の3つに分けることができる。」

(1) 保菌者　　(2) 接触者　　(3) 接触性　　(4) 感受性

【5】 衛生害虫と感染症疾患の組み合わせとして、誤っているものを選びなさい。

(1) 蚊───────腸チフス　　　　(2) マダニ───日本紅斑熱

(3) つつが虫──つつが虫病　　　　(4) シラミ───発疹チフス

【6】 学校保健に関する記述で、誤っているものを選びなさい。

(1) 身長が急伸するのは男子13歳、女子12歳頃である。

(2) 小学校で最も罹患率の高い疾病は虫歯である。

(3) 就学時健康診断は、就学6カ月前までに実施する。

(4) 調理師は学校給食を通し、児童生徒等の栄養管理と栄養教育及び食品安全に携わる。

【7】 産業保健に関する記述で、誤っているものを選びなさい。

(1) 職業病は、職業に特有な環境条件、作業方法で引き起こされる疾患である。

(2) 労働災害による死傷者は増加傾向にある。

(3) 近年は過重労働による「過労死」が問題となっている。

(4) 快適な作業環境の確保や健康診断は、労働者の健康を守ることにつながる。

【8】 大気の汚染状況を示す検査項目として、正しいものを一つ選びなさい。

(1) COD（化学的酸素要求量）　　(2) SPM（浮遊粒子状物質）　　(3) BOD（生物化学的酸素要求量）　　(4) DO（溶存酸素量）

【9】 （　　）に入る語句として、正しい組み合わせを選びなさい。

　「この法律は、調理師の（　A　）等を定めて調理の業務に従事する者の（　B　）を向上させることにより、調理技術の合理的な発達を図り、もって国民の（　C　）の向上に資することを目的とする。」

　　　　　A　　　　B　　　　C

(1) 資　格──地　位──食生活

(2) 名　称──地　位──健　康

(3) 名　称──資　質──健　康

(4) 資　格──資　質──食生活

【10】 穀類とその加工品に関する記述で、誤っているものを選びなさい。

(1) うどんは、うるち米からつくられる。　　(2) ビーフンは、うるち米からつくられる。

(3) 白玉粉は、もち米からつくられる。　　(4) オートミールは、えん麦からつくられる。

1回目 2回目

【11】 食品の脂質に関する記述で、正しいものを選びなさい。

(1) 魚油は、飽和脂肪酸を多く含んでいる。

(2) バターやラードは、不飽和脂肪酸を多く含んでいる。

(3) 中性脂肪は、コレステロールと脂肪酸が結合したものである。

(4) リン脂質には、水と油を混合して乳化させる作用がある。

【12】 きのこ類に関する記述で、正しいものを選びなさい。

(1) 生のきのこ類は水分が少ない。　　(2) 炭水化物が比較的多く、消化しやすい。

(3) 食物繊維が比較的多い。　　(4) たんぱく質が主成分である。

【13】 食品の冷蔵・冷凍法に関する記述で、正しいものを選びなさい。

(1) 一般には、冷蔵保存とは 2 〜 10℃程度の貯蔵をいう。

(2) 食品衛生法の規定では、冷凍食品は－ 18℃以下で保存しなければならない。

(3) 冷蔵庫による低温保存は、細菌の活動を抑える方法のひとつである。

(4) 冷蔵庫内は、食品をすき間なく詰めるとよく冷える。

【14】 特定保健用食品の制度に関する記述で、正しいものを選びなさい。

(1) 健康の維持・増進に寄与する。　　(2) 含まれる成分に医学的・栄養学的な根拠がない。

(3) アンプル型や舌下錠にしてもよい。　　(4) 乳児・幼児・妊産婦・病人を対象にしたものである。

【15】 食品表示に関する記述で、正しいものを選びなさい。

(1) 加工食品の熱量とたんぱく質の 2 項目が義務表示となった。

(2) JAS 法と健康増進法の 2 つの法に基づく義務表示をひとつにした。

(3) 機能性表示制度が創設された。

(4) 酒類についても栄養成分表示は義務付けられた。

【16】 保健機能食品の記述について、正しいものを一つ選びなさい。

(1) 保健機能食品は、健康食品、栄養機能食品、特定保健用食品の 3 つがある。

(2) 特別用途食品の一つとして認められている。

(3) 機能性表示食品は、食品の機能や安全性について、事業者の責任において表示している。

(4) 機能性表示食品には、消費者庁の許可マークが添付されている。

【17】 水に関する記述で、誤っているものを選びなさい。

(1) 人体の約 60 〜 70％は水である。

(2) 水は各栄養素、酵素、老廃物の運搬に役立つ。

(3) 水は細胞内外の体液として、体液調節などに役立っている。

(4) 水分が必要な時は喉の渇きを感じるので、水は身体にとって栄養的に重要な物質ではない。

【18】 たんぱく質に関する記述で、正しいものを選びなさい。

(1) 食物中のたんぱく質は、ブドウ糖に分解して吸収される。

(2) 必須アミノ酸は、体内で合成されないアミノ酸で、20 種類ある。

(3) アミノ酸組成は食品ごとに違うので、いろいろな食品を組み合わせて食べると効率が高まる。

(4) たんぱく質は、骨や歯などの主要成分である。

【19】 複合たんぱく質と、その種類の組み合わせについて正しいものを一つ選びなさい。

(1) 糖たんぱく質――ヘモグロビン　　(2) リンたんぱく質――ムチン

(3) リポたんぱく質――キロミクロン（カイロミクロン）　　(4) 色素たんぱく質――カゼイン

【20】 消化器官と消化作用として、誤っている組み合わせを選びなさい。

消化器官　消化作用　　消化器官　消化作用

(1) 口腔――物理的消化　　(2) 胃――生物的消化

(3) 小腸――化学的消化　　(4) 大腸――生物的消化

【21】 高血圧症の食事療法に関する記述で、正しいものを次の中から選びなさい。

(1) カリウム・カルシウムの摂取を強く制限する。　　(2) 食物繊維の摂取を極力控える。

(3) 食塩の摂取を制限する必要はない。　　(4) バランスの良い食事を心がけ、標準体重を維持する。

【22】 血糖値とそれを調節するホルモンに関する記述で、正しいものを選びなさい。

(1) 空腹時の血糖値として 70 〜 100mg/dL は、正常範囲である。　　(2) 血糖値は、食後約 2 時間で最高値となる。

(3) インスリンは、すい臓のランゲルハンス島 α 細胞から分泌される。(4) グルカゴンは、血糖値が上昇したときに分泌される。

1回目 2回目

【23】運動とエネルギーに関する記述で、誤っているものを選びなさい。
(1) エネルギー摂取過小の人は、やせや貧血になりやすい。
(2) 強度の高い運動や労働を行うほど、エネルギー必要量が多くなる。
(3) 運動不足でさらにエネルギー不足の人は、肥満や糖尿病になりやすい。
(4) 生活習慣病を予防するためには、食生活の改善に加え、エネルギーを消費することが有効である。

【24】乳児の栄養に関する記述で、誤っているものを選びなさい。
(1) はちみつは、満1歳までは、ボツリヌス菌の予防の観点から与えない。
(2) 混合栄養とは、母乳栄養と人工栄養を併用する方法である。
(3) 母乳栄養は、感染症抑制作用を持つ免疫グロブリンなどが含まれる。
(4) 通常、生後2～3カ月ごろから離乳を始め、9～10カ月ごろに離乳を完了する。

【25】腸炎ビブリオによる食中毒について、誤っているものを選びなさい。
(1) この菌は熱・酸に弱いが、酢の物でも二次的に発症することがある。
(2) 包丁・まな板・ふきんは、鮮魚用と一般用に区別して使用する。
(3) この菌は淡水でもなかなか死滅しないので、水道水で洗っても効果がない。
(4) この菌は、一次汚染を受けた魚介類および、取り扱い中に二次汚染された食品の摂取により感染する。

【26】腸管出血性大腸炎に関する記述で、誤っているものを選びなさい。
(1) 約100個の少量の菌で発症する。　(2) 腸管内で増殖した菌が産生するベロ毒素により腹痛を起こす。
(3) 主に魚介類が原因食品となる。　(4) 溶血性尿毒症症候群を起こし、死亡するケースもある。

【27】トキソプラズマに関する記述で、正しいものを選びなさい。
(1) アジアだけにみられる人獣共通の寄生虫である。　(2) 終宿主はブタ科の動物である。
(3) トキソプラズマの芽胞は熱に強く、90℃で10分加熱しても死滅しない。
(4) 妊娠初期の妊婦が初めて感染すると、流産や死産となるリスクが高くなる。

【28】次の記述で、正しいものを選びなさい。
(1) ウエルシュ菌による食中毒は、前日調理したカレーなどによる発生が多い。
(2) ボツリヌス食中毒の症状は軽度であり、死亡例はほとんどない。
(3) 黄色ブドウ球菌による食中毒は、感染型食中毒に分類される。
(4) カンピロバクター食中毒は、魚介類を原因として発生することが多い。

【29】次の記述で、「令和4年厚生労働省食中毒統計」において、食中毒の患者数が最も多いものを選びなさい。
(1) 細菌性食中毒患者　(2) 自然毒中毒患者　(3) 化学性食中毒患者　(4) ウイルス性食中毒（ノロウイルス）患者

【30】保存料に関する記述で、正しいものを選びなさい。
(1) 食品添加物として使用規定がない。　(2) 食品中の微生物の殺菌や容器の消毒に利用される。
(3) 生肉や鮮魚介類に使用される。　(4) 食品に表示する際、用途名と物質名を併記する。

【31】寄生虫に関する記述で、正しい組み合わせを選びなさい。
(1) クドア・セプテンプンクタータ——馬の筋肉に寄生する寄生虫の一種
(2) サルコシスティス・フェアリー——ヒラメに寄生する寄生虫の一種
(3) クドア・セプテンプンクタータ——予防は−15℃～−20℃で4時間冷凍
(4) サルコシスティス・フェアリー——食後2日で下痢、嘔吐などの症状

【32】消毒に用いられる次亜塩素酸ナトリウムに関する記述で、誤っているものを選びなさい。
(1) 使用時に硫化水素が発生するので、十分に換気する。　(2) 食品添加物に指定されている。
(3) 強力な殺菌及び漂白作用がある。　(4) 金属に対して腐食作用がある。

【33】調理場等の衛生管理に関する記述で、誤っているものを選びなさい。
(1) 井戸水を使用する場合は、水質検査を受けて、飲用適となった水を使う。
(2) 便所は、流水式の手洗いと消毒薬の設置が必要で、履物も区別する。
(3) ごみなどの廃棄物は、ふたのあるポリ容器などに入れ、汚臭漏れを防止する。
(4) 大量調理施設では、月1回以上のネズミ・昆虫の駆除を行い、記録を保管する。

【34】細菌に関する記述で、正しいものを選びなさい。
(1) 偏性嫌気性菌は、酸素があってもなくても発育可能な細菌のことである。
(2) 細菌は、外形によって球菌・かん菌・らせん菌の3種類に大別される。
(3) 一般に細菌は、弱アルカリ性よりも弱酸性を好む。　(4) 細菌は、乾燥して水分が少なくても発育できる。

1回目 2回目

【35】 食品の鮮度に関する記述で、誤っているものを選びなさい。
(1) 新鮮な卵は、割ったときに卵黄が平らで卵白が流れる。　(2) 古い缶詰は、膨張している。
(3) 新鮮な魚は、眼球が透明でつやがある。　(4) 古いかまぼこは、表面にぬめりがある。

【36】 食品異物に関する法律について、（　）に入る語句として、正しい組み合わせを選びなさい。
「食品異物について、食品衛生法第6条第4号では、『不潔、異物の（　A　）または（　B　）その他の事由により、人の健康を損なうおそれがあるもの』は販売、製造、調理、加工してはならないと定めている。」
　　　　　A　　B　　　　　A　　B　　　　　A　　B　　　　　A　　B
(1) 浸入──混和　(2) 混濁──浸漬　(3) 混入──添加　(4) 付着──浸潤

【37】 日付表示を省略できる賞味期限として正しいものを一つ選びなさい。
(1) 3ヶ月以上　(2) 6ヶ月以上　(3) 1年以上　(4) 1年6ヶ月以上

【38】 寄生虫と中間宿主として、誤っている組み合わせを選びなさい。
(1) 肺吸虫──サワガニ　(2) アニサキス──ブタ・ウシ
(3) 日本海裂頭条虫──マス・サケ　(4) トキソプラズマ──ネコ・ブタ

【39】 次の記述で、誤っているものを選びなさい。
(1) 水道水の外観は、無色透明でなければならない。　(2) 飲料水は、硬度の高いものほどよい。
(3) 水道水は、中性あるいは微アルカリ性でなければならない。
(4) 水道水は、塩素消毒がなされ、常時給水管から遊離残留塩素として 0.1mg/ℓ 以上検出されなければならない。

【40】 呈味物質に関する記述で、正しいものを選びなさい。
(1) グルタミン酸ナトリウムは、うま味を呈する。　(2) クエン酸は、うま味を呈する。
(3) イノシン酸ナトリウムは、甘味を呈する。　(4) コハク酸ナトリウムは、苦味を呈する。

【41】 飲食物と一般的においしいとされる温度について、正しい組み合わせを選びなさい。
(1) コーヒー、紅茶──80～85℃　(2) みそ汁、ポタージュ──36～41℃
(3) 麦茶、ジュース──8～12℃　(4) アイスクリーム──3～6℃

【42】 ひき肉の特性に関する記述で、正しいものを選びなさい。
(1) かたまり肉より細菌が繁殖しにくい。　(2) かたまり肉よりうま味が出にくい。
(3) かたまり肉より脂肪が酸化しやすい。　(4) 食塩を加えて撹拌すると、かたまりにくい。

【43】 いも類の調理に関する記述で、誤っているものを選びなさい。
(1) じゃがいもの男爵はでんぷん質が多くホクホクとした食感、メークインは粘りがあり煮崩れしにくい。
(2) やつがしらの含め煮では、煮崩れを防ぐため、重曹を加える。
(3) さといも、やまいもは粘質物を含むため、ぬめりがある。
(4) さつまいもは、ゆっくり加熱するとアミラーゼが働き、甘味が強くなる。

【44】 乾物の戻し倍率（重量比）で、誤っている組み合わせを選びなさい。
(1) 凍り豆腐──5.5倍　(2) 大豆──4倍　(3) きくらげ──7倍　(4) 干ししいたけ──5.5倍

【45】 野菜の切り方とその切り方に適した材料として、正しい組み合わせを選びなさい。
(1) 小口切り──キャベツ、レタス　(2) 末広切り──なす、にんじん
(3) ささがき──ねぎ、きゅうり　(4) 菊花切り──れんこん、ごぼう

【46】 マリネの調理法として、正しいものを選びなさい。
(1) 酢、香味野菜、香辛料などを入れた調味液に漬け込む。　(2) 液体を加えず、バターだけで焼く。
(3) アルコール度数の高い酒を入れて、火をつける。　(4) 酒をかけて、蒸し器で蒸す。

【47】 次の記述で、誤っているものを選びなさい。
(1) 食肉を加熱すると、たんぱく質が熱変性し、灰褐色となる。
(2) ゼラチン質が多い魚を骨や皮を付けたまま加熱するとゼラチンが溶け出し、冷めると煮こごりとなる。
(3) すじ肉などのコラーゲンを多く含む肉を長時間煮るとかたくなる。
(4) 食肉を加熱すると、脂質が溶け出して重量が減少する。

【48】 焼く操作に関する記述で、誤っているものを選びなさい。
(1) 串焼き・網焼きは、間接焼きである。　(2) 焼き物の加熱温度は、200℃以上になる。
(3) 石焼きいもはゆっくりと加熱されるため、麦芽糖やブドウ糖が増える。
(4) 焼くという操作は、肉や魚介、香りの高い食材などの持ち味を生かす加熱法である。

1回目 2回目

【49】 蒸し料理の特徴として、誤っているものを一つ選びなさい。

(1) 食材のアクが抜けないので、蒸し物の材料は淡白でアクの少ない材料を使う。

(2) 調味が加熱途中で均一にできにくいため、調理後にソースや餡（あん）をかけたりして味付けに工夫がいる。

(3) 煮る操作より水溶性成分の溶出が大きく、栄養素を失いやすい。

(4) 形くずれが少なく、流動体のものであれば、容器に入れていろいろな形に加熱成形が可能。

【50】 米とその加工品に関する記述について、正しいものを一つ選びなさい。

(1) 白玉粉は、うるち米を粉末状にしたものである。

(2) うるち米のでん粉組成は、アミロース 20％、アミロペクチン 80％である。

(3) 玄米を搗精（とうせい）すると、ビタミンの含有率は増加する。

(4) 日本型（ジャポニカ）の米の生産量は、世界では約 80％を占める。

【51】 27℃における伝導率が最も高い鍋の材質を選びなさい。

(1) 銅　　(2) 鉄　　(3) 陶器　　(4) アルミニウム

【52】 オーブンの内部温度として、正しい組み合わせを選びなさい。

(1) ホイル焼き——中温（170 ～ 190℃）　　(2) グラタン——低温（130 ～ 160℃）

(3) ピザ——ごく高温（230 ～ 250℃）　　(4) クッキー——高温（200 ～ 220℃）

【53】 電磁調理器に関する記述で、誤っているものを選びなさい。

(1) コンロ自体は発熱しないので、安全で清潔である。　　(2) 発熱による空気汚染が少ない。

(3) 熱効率は 80 ～ 90％で、他の加熱法より高い。　　(4) マグネトロンから発生するマイクロ波で発熱する。

【54】 食品に含まれる天然色素に関する記述で、誤っているものを選びなさい。

(1) クロロフィルは、野菜に含まれる緑色の色素である。

(2) カロテノイドは、野菜や果物に含まれる黒色の色素である。

(3) アントシアニンは、野菜や果物に含まれ、橙色から赤、紫、青色まで多彩な色を持つ。

(4) ミオグロビンは肉や赤身の魚に含まれ、加熱により灰褐色になる。

【55】 次のうち、卵白の起泡性を利用した調理法でないものを選びなさい。

(1) 淡雪かん　　(2) かき玉汁　　(3) カステラ　　(4) マシュマロ

【56】 たんぱく質の変性に関する記述で、正しい組み合わせを選びなさい。

(1) 酸変性——たんぱく質の変性凝固沈殿——湯葉　　(2) 塩類変性——二価イオンを加え結合性を高める——豆腐

(3) 界面変性——たんぱく質分子の立体配置の変化——焼肉

(4) 熱変性——たんぱく質分子の拡散による構造の変化——卵白のメレンゲ

【57】 食品の褐変現象に関する説明について、（　　）に入る語句として、正しい組み合わせを選びなさい。

「非酵素的褐変である（　A　）は、（　B　）がアミノ酸と反応して（　C　）を生成する現象である。これによって褐変物質が作られる。」

　　　　　　　　A　　　　　B　　　　　C　　　　　　　　　A　　　　　B　　　　　C

(1) メイラード反応——脂質——過酸化脂質　　(2) メイラード反応——糖質——メラノイジン

(3) 酸化還元反応——脂質——メラノイジン　　(4) 酸化還元反応——糖質——過酸化脂質

【58】 日本の食文化の成立と発展について、（　　）に入る語句として、正しい組み合わせのものを選びなさい。

「鎌倉時代初期に僧の栄西によって禅寺に伝えられた（　A　）は、次第に武家や豪商に広まり、安土桃山時代に（　B　）として大成した。それにともなって、茶事の際に茶の前に供する食事として（　C　）料理が生まれた。」

　　　　　　　　A　　　　　B　　　　　C　　　　　　　　A　　　　　B　　　　　C

(1) 抹茶法——茶の湯——茶会席　　(2) 茶の湯——茶会席——抹茶

(3) 茶会席料理——抹茶法——茶の湯　　(4) 抹茶法——茶会席——茶の湯

【59】 大正期の三大洋食と呼ばれている料理として、正しい組み合わせを選びなさい。

(1) シチュー、とんカツ、コロッケ　　　　(2) とんカツ、コロッケ、ライスカレー

(3) コロッケ、ライスカレー、ハンバーグ　　(4) ライスカレー、ハンバーグ、スパゲティー

【60】 現代日本の食生活に関する記述で、誤っているものを選びなさい。

(1) かつてはほとんどを家庭でつくっていたが、現代日本では外食が増えた。

(2) 少子高齢化により、家族揃って食事をすることが少なくなった。

(3) 女性が働くようになり、家庭で調理する時間が減った。

(4) レトルト食品やおそうざいなどの普及で、持ち帰って食べる内食が増えた。

[1]（2）★ここが✕⇨（1）呼吸器感染症はインフルエンザ、ジフテリア、百日咳。（3）神経系感染症は日本脳炎、ポリオ、狂犬病。（4）発しん性感染症は風しん、麻しん、つつが虫病。

[2]（2）補足 WHO（世界保健機関）が健康について定めたもの。

[3]（3）★ここが✕⇨ 健康寿命とは日常生活の動作を自分で行える年齢期間であり、国民生活基礎調査から割り出されている。

[4]（4）補足 感染源対策は検疫、届出、感染源の撲滅など。感染経路対策は消毒や予防など。感受性対策は予防接種や生活環境の清潔保持など。

[5]（1）★ここが✕⇨ 蚊によるものには、日本脳炎・マラリア・デング熱など。腸チフスは消化器系感染症でハエなどが媒介する。

[6]（3）★ここが✕⇨ 就学前年度の11月30日までに実施。

[7]（2）★ここが✕⇨ 死傷者は減少傾向にある。

[8]（2）補足 SPMは大気中に存在する粒子状物質のうちで、粒子の直径が10μm以下の非常に細かな粒子。COD、BOD、DOは水質汚染度の指標。

[9]（4）補足 調理師法第1条の文言。

[10]（1）★ここが✕⇨ うどんは、小麦粉からつくられる。

[11]（4）★ここが✕⇨（1）魚油に多いのは不飽和脂肪酸。（2）バターやラードに多いのは飽和脂肪酸。（3）中性脂肪はグリセロールと脂肪酸が結合。

[12]（3）★ここが✕⇨（1）生のきのこ類には水分が多い。炭水化物は比較的少ない。（4）たんぱく質は少ない。

[13]（3）★ここが✕⇨（1）JAS法で10℃以下と定められている。（2）冷凍は－15℃以下。（4）冷蔵庫内はすき間を空けるほうがよく冷える。

[14]（1）★ここが✕⇨（2）医学的・栄養学的な根拠がある。（3）アンプル型や舌下錠などの医学的な形状であってはならない。（4）一般消費者を対象としている。

[15]（3）★ここが✕⇨（1）栄養成分表示に義務付けられた項目は、熱量、たんぱく質、脂質、炭水化物、ナトリウム（「食塩相当量」で表示）の5項目。（2）JAS法、食品衛生法、健康増進法の表示を一元化した。（4）酒類への栄養成分表示義務はない。

[16]（3）★ここが✕⇨（1）栄養機能食品・特定保健用食品・機能性表示食品の3つ。（2）疾病の治療や予防のために摂取するものではない。特別用途食品は健康の保持・回復に適するという特別の用途について表示を行うもの。（4）機能性表示食品には、消費者庁の許可マークが添付されていない。

[17]（4）★ここが✕⇨ 水は人体の約60～70％も占め、細胞内外の体液として重要な物質。

[18]（3）★ここが✕⇨（1）ブドウ糖ではなくアミノ酸。（2）必須アミノ酸はヒスチジンも含めて9種類。（4）骨や歯ではなく、筋肉や血液。

[19]（3）補足 リポたんぱく質とは脂質を含むたんぱく質で、LDLやHDL、キロミクロン等がある。ムチンは糖たんぱく質、カゼインはリンたんぱく質、ヘモグロビンは色素たんぱく質。

[20]（2）★ここが✕⇨ 胃は、蠕動運動による物理的消化と消化酵素などによる化学的消化を行っている。

[21]（4）★ここが✕⇨（1）カリウム・カルシウムの制限は必要ない。（2）食物繊維は積極的にとる。（3）食塩は制限する。

[22]（1）★ここが✕⇨（2）食後約30～60分で最高値。（3）すい臓のランゲルハンス島β細胞。（4）血糖値が低下したときに分泌。

[23]（3）★ここが✕⇨ エネルギー不足ではなく、エネルギー過多。

[24]（4）★ここが✕⇨ 生後4～6カ月ごろから離乳を始め、12～18カ月ごろに完了する。

[25]（3）★ここが✕⇨ 淡水中では早く死滅するので、水道水でよく洗浄するのもよい。

[26]（3）★ここが✕⇨ 魚介類ではなく、主に牛肉などの食肉が原因食品。

[27]（4）★ここが✕⇨（1）哺乳類や鳥類といった温血脊椎動物のほぼすべてに共通し、世界的に広く蔓延している。（2）終宿主はネコ科の動物。（3）熱に弱く、加熱により死滅する。

[28]（1）★ここが✕⇨（2）致命率が高い。（3）黄色ブドウ球菌は毒素型。（4）カンピロバクターは牛、豚、羊、ニワトリ、犬、猫、ハトなど。

[29]（1）補足 患者数…1位ノロウイルス2,175、2位ウエルシュ菌1,467、3位カンピロバクター822。事件数…1位アニサキス566、2位カンピロバクター185、3位ノロウイルス63。

[30]（4）★ここが✕⇨（1）食品添加物に分類される。（2）微生物の増殖を抑え、食品の保存性を高める。（3）ハムやソーセージ、かまぼこなどの加工品。

[31]（3）★ここが✕⇨（1）クドア・セプテンプンクタータはヒラメの寄生虫。（2）サルコシスティス・フェアリーは馬肉の寄生虫。（4）クドア・セプテン

プンクタータやサルコシスティス・フェアリーは、食後4～8時間で下痢、嘔吐などの症状を呈する。補足 サルコシスティス・フェアリー（馬肉）は、－20℃で48時間以上、－30℃で36時間以上、－40℃で18時間以上を保持する冷凍法で予防。

[32]（1）★ここが✕⇨ 酸性の強い洗剤と混ぜると塩素ガスが発生。また、単体で使用しても若干の塩素が発生するので十分な換気は必要。

[33]（4）★ここが✕⇨ 大量調理施設衛生管理マニュアルでは、ネズミ・昆虫の駆除を半年に1回以上行うとされている。

[34]（2）★ここが✕⇨（1）偏性嫌気性菌は、酸素があると発育できない。（3）一般に中性・弱アルカリ性を好み、酸性では発育できない。（4）食品中の水分が50％以下になると増殖が抑えられ、15％以下でほとんど発育できなくなる。

[35]（1）★ここが✕⇨ 新鮮なら、割ったときに卵黄が盛り上がっている。

[36]（3）補足 食品異物には鉱物性異物（小石や砂、金属片など）、植物性異物（木片、もみがら、紙、カビ類など）、動物性異物（毛髪、爪、歯、昆虫類など）がある。

[37]（1）補足 賞味期限は、3カ月を超えるものは年月または年月日で、3カ月以内のものは年月日で表示。

[38]（2）★ここが✕⇨ アニサキスの中間宿主はアジ、サバ、タラ、イカなど。補足 肺吸虫症は、肺臓ジストマとも呼ばれ、肺吸虫がカワニナ（第1宿主）、カニ（第2宿主）を経て人間の肺に寄生するもの。

[39]（2）★ここが✕⇨ 硬度は適度でなければならない。補足 水の硬度が高いと胃腸を害する。

[40]（1）★ここが✕⇨（2）は酸味。（3）、（4）はうま味。

[41]（3）★ここが✕⇨（1）、（2）62～70℃。（4）－10～－14℃。

[42]（3）★ここが✕⇨（1）繁殖しやすい。（2）うま味が出やすい。（4）粘りが出てかたまりやすい。

[43]（2）★ここが✕⇨ やつがしらの含め煮で煮崩れ防止に使用するのは、みょうばん。補足 みょうばんは、細胞膜と結合して不溶化することで煮崩れを防ぐ。その他に、なすの漬物などの色素を保つためや、うにの型崩れ防止などに使われる。

[44]（2）★ここが✕⇨ 大豆は2.6倍。

[45]（2）★ここが✕⇨（1）ねぎ、きゅうり。（3）ごぼう、にんじん。（4）かぶ、大根。

[46]（1）★ここが✕⇨（2）はバター焼き。（3）はフランベ。（4）は酒蒸し。

[47]（3）★ここが✕⇨ コラーゲンは長時間煮るとやわらかくなる。

[48]（1）★ここが✕⇨ 串焼き・網焼きは直接焼き。

[49]（3）★ここが✕⇨ 煮る操作より水溶性成分の溶出が少なく、栄養素の損失が少ない。

[50]（2）★ここが✕⇨（1）白玉粉は、もち米を粉末状にしたもの。（3）ビタミンの含有率は減少する。（4）インド型（インディカ）の米の生産量は80％を占める。

[51]（1）補足 銅→アルミニウム→鉄→陶器の順である。

[52]（3）★ここが✕⇨（1）はごく高温（230～250℃）。（2）は高温（200～220℃）。（4）は中温（170～190℃）。

[53]（4）★ここが✕⇨（4）は電子レンジの特徴。

[54]（2）★ここが✕⇨ カロテノイドは、野菜や果実などに含まれる、黄・橙・赤色の色素類の総称。

[55]（2）★ここが✕⇨ かき玉汁は全卵の凝固性を利用した料理。補足 卵白に含まれるオボアルブミンというたんぱく質は、表面張力を低下させ、泡立ちやすくさせ、オボムチンは泡の膜を丈夫で安定にする性質がある。

[56]（2）★ここが✕⇨（1）牛乳に酸を加えると変性凝固沈殿する。湯葉は大豆たんぱく質の熱凝固。（3）界面変性はたんぱく質の拡散による凝固で卵白のメレンゲ。（4）熱変性はたんぱく質分子の立体配置の変化で焼肉。

[57]（2）補足 褐変の主なものは、酵素による「酵素的褐変現象」と「非酵素的褐変現象」がある。酵素による褐変ではリンゴの変色やバナナ、ジャガイモの変色があげられるが、これらにはポリフェノールオキシダーゼという酸化酵素が関係している。

[58]（1）補足 茶会席料理は、一汁三菜が基本。江戸時代に流行した会席料理との混同を嫌い、茶人によって「懐石料理」と呼ばれるようになった。

[59]（2）補足 明治10年までには、畜肉、乳製品、ビール、パン、洋菓子の生産が始まった。和洋折衷型料理が生まれ、牛肉料理の牛鍋も普及した。

[60]（4）★ここが✕⇨ 内食→中食。補足 内食は、家庭内の台所で調理された料理を家庭で食べる形態。中食は、調理加工食品やそうざいを購入して、自宅で食べる形態。外食は、外のレストランなどの店で食べる形態。

公衆衛生学【1】〜【9】	食品学【10】〜【15】	栄養学【16】〜【24】	食品衛生学【25】〜【39】	調理理論【40】〜【57】	食文化概論【58】〜【60】
1回目 /9問　2回目 /9問	1回目 /6問　2回目 /6問	1回目 /9問　2回目 /9問	1回目 /15問　2回目 /15問	1回目 /18問　2回目 /18問	1回目 /3問　2回目 /3問

1回目 2回目

【1】わが国の衛生統計に関する記述で、正しいものを選びなさい。

(1) 近年の合計特殊出生率は、4.3 を上回っている。

(2) 乳児死亡率は、世界では高い国に属している。

(3) 病気やけが等の自覚症状のある者の割合（有訴者率）は 65 歳以上では、半数近くである。

(4) 結核の死亡率は、戦前低かったが戦後増加した。

【2】感染症の予防対策として、誤っている組み合わせを選びなさい。

(1) 感染源対策──外国からの侵入に対して空港や港での検疫を行う

(2) 感染源対策──患者を感染症指定医療機関等に入院させる

(3) 感染経路対策──病原体で汚れたものを徹底的に消毒する

(4) 感受性対策──マスクをかけたりうがいをしたり、手をよく洗う

【3】次の記述のうち、正しいものを一つ選びなさい。

(1) ヘルスプロモーションとは、自らが病気の治療法を見つけだし、体質改善する過程である。

(2) プライマリー・ヘルス・ケアとは「すべての人に健康を」を基本理念とした総合的な保健医療活動である。

(3) ヘルスプロモーションは、アルマ・アタ宣言において提唱された。

(4) プライマリー・ヘルス・ケアは WHO がオタワ憲章において提唱した新しい健康観。

【4】検疫法に基づく検疫感染症として、正しいものを選びなさい。

(1) ペスト　　(2) 結核　　(3) 腸管出血性大腸菌感染症　　(4) B 型肝炎

【5】労働者の労働と健康管理に関する記述で、誤っているものを選びなさい。

(1) 事業者は、労働者の雇い入れ時に一般健康診断を行う義務がある。

(2) 事業者は、作業環境管理を行う義務がある。

(3) 労働基準法では、1 週間の労働時間について基準を規定している。

(4) 労働安全衛生法では、職場の受動喫煙について何の規定もない。

【6】学校給食法に定められた学校給食の目標に関する記述で、誤っているものを選びなさい。

(1) わが国や各地域の優れた伝統的な食文化についての理解を深める。

(2) 日常生活における食事について正しい理解と望ましい習慣を養う。

(3) 食物の調理の方法を習得させる。　　(4) 適切な栄養摂取により健康の保持増進を図る。

【7】一酸化炭素に関する記述で、誤っているものを選びなさい。

(1) 無色の気体であるが、わずかに臭気がある。

(2) 家庭の燃料用ガス、自動車の排ガスなどの不完全燃焼が主な発生源である。

(3) 急性中毒では、頭痛、めまい、顔面紅潮などをともない、次いで突然、意識不明となる。放置すれば呼吸が止まり、死にいたることがある。

(4) 記憶喪失、けいれん、運動失調など、中枢神経系に後遺症を残すことがある。

【8】次の記述で、誤っているものを選びなさい。

(1) 調理師免許は、都道府県知事が与える。　　(2) 調理師免許証を失っても、調理師の資格を失うことはない。

(3) 免許を受けた調理師でなければ、調理師またはこれと紛らわしい名称を用いてはならない。

(4) 調理師の免許がなければ、調理業務につくことはできない。

【9】予防接種法により、予防接種を受けなければならない疾病とされているものとして、誤っているものを選びなさい。

(1) 風しん　　(2) ジフテリア　　(3) 日本脳炎　　(4) 赤痢（せきり）

【10】食品の成分とそれを多く含む食品として、正しい組み合わせを選びなさい。

(1) 食物繊維──肉類　　(2) 炭水化物──こんぶ　　(3) 脂質──ごま　　(4) たんぱく質──さつまいも

【11】小麦粉に関する記述で、正しいものを選びなさい。

(1) 小麦粉は、でんぷん含量の多い順に、強力粉・中力粉・薄力粉に分けられる。

(2) 強力粉は、軟質小麦が原料となっている。

(3) 中力粉は、主に菓子の原料として利用される。

(4) 薄力粉は、ケーキや天ぷらの衣などに利用される。

1回目 2回目

【12】 野菜類に関する記述で、誤っているものを選びなさい。

(1) ごぼうやれんこんは、野菜類の中では炭水化物がかなり多い。

(2) グリンピースやなすは、緑黄色野菜である。

(3) 大根は、ビタミンCやでんぷん分解酵素のアミラーゼを含んでいる。

(4) 緑黄色野菜とは、原則として可食部100g当たりカロテンを600μg以上含む野菜をいう。

【13】 豆類に関する記述で、正しいものを選びなさい。

(1) 大豆は、いんげん豆に比べ炭水化物の含有量が多い。　(2) 小豆は、便通促進効果を持つサポニンという成分を含んでいる。

(3) 大豆は、餡の原料として用いられることが多い。　　(4) いんげん豆は、はるさめの原料として用いられる。

【14】 食品の加工に関する記述で、誤っているものを選びなさい。

(1) ヨーグルトは、牛乳の脂肪分を遠心分離してつくる。

(2) 豆腐は、豆乳ににがりやすまし粉（硫酸カルシウム）など凝固剤を加えてつくる。

(3) 麦芽あめは、でんぷんを麦芽で糖化してつくる。

(4) オートミールは、えん麦をひき割りにしたものである。

【15】 放射性セシウムの基準値に関する記述について、誤っているものを選びなさい。

(1) 一般食品——100ベクレル/kg　　(2) 乳児用食品——100ベクレル/kg

(3) 牛乳————50ベクレル/kg　　(4) 飲料水————10ベクレル/kg

【16】 人体の構成成分に関する記述で、誤っているものを選びなさい。

(1) 人体は、約30種の元素でできている。　　(2) ナトリウムは、細胞の内外に存在し、体液の浸透圧を調節している。

(3) 炭水化物は、人体を構成する成分で最も多い。　(4) カルシウムの約99%は、骨と歯に存在している。

【17】 糖質に関する記述で、誤っているものを選びなさい。

(1) 糖質の分解には、ビタミンB_2が必要である。　　(2) 消化酵素により、単糖類にまで分解される。

(3) 肝臓や筋肉にグリコーゲンとなって蓄えられる。　(4) 動物性食品にはあまり含まれていない。

【18】 アミノ酸に関する記述で、正しいものを選びなさい。

(1) たんぱく質を構成するアミノ酸は10種類である。　　(2) 非必須アミノ酸は体内で合成できない。

(3) ヒトの必須アミノ酸は6種類ある。　　(4) リシン（リジン）は必須アミノ酸である。

【19】 食物繊維の記述について、誤っているものを一つ選びなさい。

(1) 不溶性食物繊維は、胃や腸で水分を吸収してふくらみ、腸を刺激して便通を促進する。

(2) 水溶性食物繊維は、腸内の善玉菌を増やしたり、短鎖脂肪酸の産生を助け、腸内環境を整えたりする働きがある。

(3) 日本人の食事摂取基準（2020年版）では、食物繊維の「目標量」は、18～64歳男性で1日当たり21g以上、女性で18g以上とされている。

(4) コンブやワカメのアルギン酸、熟した果実のペクチンは不溶性繊維である。

【20】 肝臓の働きとして、誤っているものを選びなさい。

(1) エネルギーの貯蔵機能　　(2) 胆汁の生成　　(3) 解毒作用　　(4) 無機質の消化吸収

【21】 下痢の食事療法として、正しいものを選びなさい。

(1) 水分はできるだけ控える。　　(2) 食物繊維は腸壁を刺激して下痢を悪化させるので控える。

(3) 香辛料などの刺激物は、積極的に摂取してよい。

(4) 豆類、さつまいもなど甘みの強い食品は、積極的に摂取してよい。

【22】 栄養状態を反映する臨床検査項目と栄養素や栄養成分として、正しい組み合わせを選びなさい。

臨床検査項目	栄養素		臨床検査項目	栄養素
(1) 尿酸————無機質			(2) 血清アルブミン——たんぱく質	
(3) LDLコレステロール——炭水化物			(4) ヘモグロビン———脂質	

【23】 令和元年の日本人の栄養状態に関する記述で、正しいものを選びなさい。

(1) 20～40歳代の平均脂肪エネルギー比率は、20%を下回っている。

(2) 成人の1人1日あたりの食塩摂取量は、7gを下回っている。

(3) 1人1日あたりの野菜摂取量は、20歳代のほうが60歳代より多い。

(4) 75歳以上の年齢では、魚介類の摂取量は肉類の摂取量より多い。

【24】 妊娠期及び授乳期の栄養に関する記述で、正しいものを選びなさい。

(1) 妊娠期には、たんぱく質を付加する必要はない。　　(2) 妊娠期には、脂肪エネルギー比率を30%以上とする。

(3) 妊娠期には、エネルギーを付加する必要がある。　　(4) 妊娠期には、葉酸の摂取量を付加する必要はない。

1回目 2回目

【25】 下痢性貝毒に関する記述で、正しいものを選びなさい。

(1) 貝が、有毒プランクトンを捕食することにより毒化する。　　(2) 毒化する貝は、バイガイとイガイに限られている。

(3) 貝毒は、中腸腺には含まれていない。　　(4) 現在のところ、中毒例は報告されていない。

【26】 ブドウ球菌食中毒に関する記述で、誤っているものを選びなさい。

(1) 感染型食中毒である。

(2) 原因菌は、黄色ブドウ球菌である。

(3) 原因菌は、人の鼻腔内、特に化膿巣には多く存在している。

(4) 手指による作業をする場合、食品の取り扱いに注意をする。

【27】 食中毒と毒成分として、誤っている組み合わせを選びなさい。

(1) トリカブトによる中毒──アコニチン　　(2) じゃがいもによる中毒──ソラニン

(3) アオブダイによる中毒──パリトキシン　　(4) きのこによる中毒──テトロドトキシン

【28】 ヒスタミンによる中毒に関する記述で、誤っているものを選びなさい。

(1) 細菌性食中毒の大半を占める。

(2) 動物性食品のたんぱく質が分解してヒスタミンが生成され、このヒスタミンが原因で発症する。

(3) じんましんなどのアレルギー症状とよく似ているので、アレルギー様食中毒といわれる。

(4) 食後 30 分〜 1 時間程度で発症する。

【29】 食中毒対策に関する記述で、誤っているものを選びなさい。

(1) 食中毒またはその疑いがある患者を診断した医師は、保健所長に届出の義務がある。

(2) 保健所が食中毒について調査するのは、その事故の拡大防止と原因を追及するためである。

(3) 集団給食施設では、衛生検査用に原材料及び調理済み食品を 0℃以下で 24 時間保存しなければならない。

(4) 同一メニューを 1 回 300 食以上または 1 日 750 食以上を提供する施設には、大量調理施設衛生管理マニュアルが適用される。

【30】 食品添加物とその使用目的として、正しい組み合わせを選びなさい。

(1) サッカリン──着色料　　(2) ソルビン酸──酸化防止剤

(3) 炭酸水素ナトリウム──膨張剤　　(4) L-アスコルビン酸──酸味料

【31】 寄生虫に関する記述で、正しいものを選びなさい。

(1) 日本海裂頭条虫（広節裂頭条虫）は、野菜から感染する。

(2) トキソプラズマは、牛肉から感染する。

(3) アニサキスの感染のおそれがある魚介類は、−10℃で 12 時間の冷凍貯蔵をするよう指導されている。

(4) クリプトスポリジウムは、家畜や患者の糞便で汚染された飲料水を飲むことで感染する。

【32】 次の記述で、誤っているものを選びなさい。

(1) 中性洗剤は水によく溶け、石けんより洗浄力が弱い。

(2) 逆性石けんは、洗浄力はほとんどないが、殺菌力が非常に強い。

(3) 次亜塩素酸ナトリウムなどの塩素剤は、金属を腐食する。

(4) 滅菌とは、すべての微生物を死滅または除去し、完全に無菌状態にすることである。

【33】 食品取扱者の衛生管理に関する記述で、誤っているものを選びなさい。

(1) サルモネラ、赤痢、O-157 などの保菌者は、調理に従事してはならない。

(2) 下痢や嘔吐があっても、調理に従事できる。

(3) 手指にできものや化膿した傷がある者は、調理に従事してはならない。

(4) 仕事着や帽子などを身に着けたまま、調理室から出たり、便所に行ったりしてはならない。

【34】 細菌の増殖条件に関する記述について、正しいものを一つ選びなさい。

(1) 高熱菌の至適発育温度は、25℃〜 40℃である。

(2) 嫌気性菌は、酸素がない環境では増殖できない。

(3) 細菌の増殖には、栄養素は必要であるが、水分は必要としない。

(4) ボツリヌス菌の芽胞の死滅には、120℃ 4 分以上の加熱が必要である。

【35】 殻付き卵の取り扱いに関する記述で、誤っているものを選びなさい。

(1) 割った卵はすみやかに使用して、加熱調理する場合であっても割り置きはしないこと。

(2) 鶏卵の保存は、10℃以下が望ましい。

(3) 殻の表面がざらざらして光沢がなく、振っても音がしない鶏卵は良好である。

(4) 生食用の鶏卵が賞味期限を過ぎた場合、廃棄しなければならない。

1回目 2回目

【36】 魚介類料理の衛生管理に関する記述で、誤っているものを選びなさい。

(1) 魚介類は必ず水道水で洗う。

(2) 魚介類の下処理用の調理器具と刺し身用の調理器具は分ける。

(3) 魚の保存は鮮度を保つため、内臓、えら、うろこは取り除かないで行う。

(4) 冷凍食品はダンボール箱から出して保存し、温度は－18℃以下にする。

【37】 次のカンピロバクター食中毒に関する記述について、誤っているものを一つ選びなさい。

(1) 微好気性といって、酸素が少しある環境を好む。

(2) 手や調理器具を介しての二次汚染はない。

(3) ヒトや動物の腸管内でしか増殖できず、乾燥に弱い。

(4) 中毒を防ぐには、生肉や、加熱不十分な肉料理を食べるのを避けること。

【38】 水道法第4条および第22条に基づく水質基準に関する記述で、誤っているものを選びなさい。

(1) 一般細菌、大腸菌とも検出されてはならない。　(2) pH 値は 5.8 以上 8.6 以下。

(3) 遊離残留塩素濃度 0.1mg/ℓ 程度以上。　　　(4) 臭気、味は異常でないこと。

【39】 殺菌灯に関する記述で、正しいものを選びなさい。

(1) 殺菌灯に使われる紫外線は人体への影響のない紫外線である。

(2) 殺菌灯に使用される紫外線は微生物の核酸（DNA）を破壊する。

(3) 最低でも1カ月に1回は交換しないと殺菌効果が減少してしまう。

(4) 照射された表面だけでなく、内部まで殺菌の必要があるスポンジにも効果がある。

【40】 日本料理における五つの基本味（五味）として、誤っているものを選びなさい。

(1) 甘味　　(2) 酸味　　(3) うま味　　(4) 辛味

【41】 油脂に関する記述で、誤っているものを選びなさい。

(1) 動物性脂肪の融点は、構成する脂肪酸組成により異なる。　(2) バターの融点は低く、口中で軟化する。

(3) 牛脂（ヘット）の融点は高く、冷めると口の中で溶けにくい。　(4) 豚脂（ラード）の融点は高く、口の中で固化する。

【42】 ビーフステーキの焼き加減に関する記述で、正しいものを選びなさい。

(1) 「レア」は、肉の中心部が鮮赤色で、生に近い焼き加減である。

(2) 「ミディアム」は、肉の中心部も外側も灰褐色の焼き加減である。

(3) 「ウエルダン」は、外側が灰褐色で肉の中心部はピンク色である。

(4) 「ミディアムレア」は、「ミディアム」より少し長く焼いたものである。

【43】 和え物に関する記述で、正しいものを選びなさい。

(1) 味を浸透させるために、早めに調味液と混ぜるのがよい。　(2) 白和えには、豆腐や白ごまを用いる。

(3) 二杯酢は、酢と砂糖を合わせたものである。　　　　　　(4) 新鮮な魚介類は、そのまま和え物に用いる。

【44】 乾物の吸水所要時間として、正しいものを選びなさい。

(1) 干ししいたけ（冬菇）──50〜70 分　(2) 貝柱──1〜2 時間

(3) 白米──15〜20 分　　　　　　　　(4) 大豆──15〜20 時間

【45】 うるち米の一般的な炊飯時の水加減について、正しいものを選びなさい。

(1) 米の容量の約 1.2 倍　(2) 米の容量の約 1.7 倍　(3) 米の容量の約 2.2 倍　(4) 米の容量の約 2.7 倍

【46】 食品のあく抜きに関する記述で、誤っているものを選びなさい。

(1) たけのこは、米ぬかを加えてゆでる。　　　　(2) 大根は、酢水に浸したり、酢を加えてゆでたりする。

(3) わらび、ぜんまいは、重曹やわら灰を加えてゆでる。　(4) 小豆は、数回のゆでこぼしを行う。

【47】 冷凍食品の扱いに関する記述で、正しいものを選びなさい。

(1) かぼちゃは、解凍してから煮る。　　　　　　(2) 生の食肉は、凍結したまま焼く。

(3) 魚を流水解凍するときは、袋から取り出して直接水をかける。　(4) シュウマイは、凍ったまま蒸す。

【48】 蒸し物の特性として、正しいものを選びなさい。

(1) 食品の形は崩れやすい。　　(2) 水溶性成分の損失が多い。

(3) 加熱温度は 100℃を超える。　(4) 加熱中に調味しにくい。

【49】 直接加熱の調理器具を選びなさい。

(1) 鍋、やかん　　(2) 焼き網、串　　(3) 電子レンジ　　(4) 蒸し器

1回目 2回目

【50】混合・撹拌操作の目的でないものを選びなさい。

(1) 温度の均一化　　(2) 成分の移行　　(3) 放熱、放湿　　(4) 吸水とそれにともなう膨潤・軟化

【51】包丁の使い方に関する記述で、正しいものを選びなさい。

(1) 野菜は、組織の繊維に沿って切り、加熱すると軟化しやすい。

(2) 面取りをした野菜は、煮崩れしにくい。

(3) 食材の表面積が大きくなるように切ると、加熱時の成分の損失が小さい。

(4) 刺し身を切るときは、押し切りがよい。

【52】魚の扱い方に関する記述で、正しいものを選びなさい。

(1) 焼き霜は、魚の表面をさっと焼いて、つくり身にする。

(2) 湯振りは、魚の表面が白くなる程度に、酢水の中をくぐらせる。

(3) 洗いは、生きた魚、ごく新鮮な魚を洗ってからそぎ切りにする。

(4) 皮霜は、魚を熱湯の中に入れてしばらくおく。

【53】カロテノイド色素でないものを選びなさい。

(1) ほうれん草に含まれる緑色の色素　　(2) えびをゆでると鮮やかな赤色になる色素

(3) かぼちゃに含まれる橙色の色素　　(4) トマトの赤い色素

【54】次の記述で、正しいものを選びなさい。

(1) ビタミンの中で最も調理損失が激しいのはビタミンAである。

(2) ビタミンCは、煮る、ゆでるなどで10%調理損失となる。

(3) ビタミンCは、高温で短時間の揚げ物なら調理損失が少ない。

(4) 煮る操作によるビタミンCの損失は、蒸すより少ない。

【55】食品の色素の変化に関する記述で、誤っているものを選びなさい。

(1) 肉の色素のミオグロビンは赤紫色であるが、空気中の酸素にふれると鮮紅色のオキシミオグロビンとなる。

(2) 肉を加熱すると褐色になるのは、ミオグロビンが急激に酸化されてメトミオグロビンとなるためである。

(3) 茶褐色をしていたカニを茹でると赤くなるのは、アスタキサンチンがアスタシンという物質に変化するためである。

(4) わかめを灰干ししたり、湯通ししたりすると、酵素チロシナーゼの働きによりメラニンを生じて緑色が鮮やかになる。

【56】牛乳の調理特性に関する記述で、正しいものを選びなさい。

(1) 牛乳に含まれるたんぱく質の大部分がカゼインであり、加熱により凝固する。

(2) 牛乳は65℃以上に加熱すると、乳糖の変性により表面に薄い皮膜ができる。

(3) 50〜60℃に温めた牛乳に、レモン汁や食酢を加えると酸凝固する。

(4) 牛乳中のビタミンAには、魚やレバーのにおい成分を吸着する働きがある。

【57】クロロフィルの色素変化の説明について、(　　)に入る語句として、正しい組み合わせを選びなさい。

「クロロフィルは(　A　)で変色しやすく、pHが(　B　)ほど、また加熱時間が長いほど変色するため、ゆでた後は(　C　)冷ます。」

	A	B	C
(1)	酸性	低い	急速に
(2)	アルカリ性	高い	急速に
(3)	酸性	高い	ゆっくりと
(4)	アルカリ性	低い	ゆっくりと

【58】日本の食文化の成立に関する記述で、誤っている組み合わせを選びなさい。

(1) 普茶料理——江戸時代——黄檗宗萬福寺　　(2) 精進料理——鎌倉時代——仏教の教義

(3) 懐石料理——茶事——亭主の手料理、給仕　　(4) 卓袱料理——室町時代——京都名物

【59】郷土料理名とその主材料の組み合わせとして、正しいものを選びなさい。

	郷土料理名	主材料			郷土料理名	主材料
(1)	石狩鍋	かに		(2)	深川飯	あさり
(3)	船場汁	こんぶ		(4)	明石焼き	鶏肉

【60】食物禁忌に関する記述で、正しいものを選びなさい。

(1) イスラム教は、牛肉とアルコール類の飲食を禁じている。　(2) ユダヤ教は、乳製品と肉を一緒に食べることを禁じている。

(3) 儒教は、豚肉を食べることを禁じている。　　(4) ヒンズー教は、豆類を食べることを禁じている。

[1] (3) ★ここが×⇨ (1) 令和3年の合計特殊出生率は1.30。(2) 日本の乳児死亡率は1.7と低い。(4) 結核による死亡率は、抗生物質の登場で戦後は減少。**補足** 第二次世界大戦後、減少傾向。令和3年の結核罹患率（人口10万対）は9.2であり、前年と比べ0.9ポイント減少している。日本の結核罹患率は先進国の水準に近づいている。

[2] (4) ★ここが×⇨ 感受性対策は、予防接種を行うことや生活環境の清潔保持。マスク着用やうがい、手洗などは感染経路対策。

[3] (2) ★ここが×⇨ (1) ヘルスプロモーションとは、人々が自らの健康をコントロールし、改善することが出来るようにする過程。(3) ヘルスプロモーションは、WHOがオタワ憲章において提唱した新しい健康観。(4) プライマリー・ヘルス・ケアはアルマ・アタ宣言において提唱された。

[4] (1) **補足** 他に、エボラ出血熱、ラッサ熱、痘瘡、新型インフルエンザ等。

[5] (4) ★ここが×⇨ 職場の受動喫煙の防止については、平成27年6月1日より事業者の努力義務となった。

[6] (3) **補足** 他に、「学校生活を豊かにし、明るい社交性を養う」「食料の生産、流通、消費について正しい理解をもたせる」など。

[7] (1) ★ここが×⇨ 一酸化炭素は、無色の気体で、無臭。そのため、充満していることに気づきにくい。

[8] (4) ★ここが×⇨ 調理師の免許がなくても、調理業務につくことはできる。

[9] (4) **補足** 他に、予防接種を行う疾病は、百日咳、急性灰白髄炎、麻しん、破傷風など。

[10] (3) ★ここが×⇨ (1) 食物繊維はこんぶなど。(2) 炭水化物はさつまいもなど。(4) たんぱく質は肉類など。

[11] (4) ★ここが×⇨ (1) 小麦粉は、グルテンの質と量によって分類。(2) 強力粉の原料は硬質小麦。(3) 中力粉は主にうどんに用いられる。

[12] (2) ★ここが×⇨ グリンピースやなすは淡色野菜。

[13] (2) ★ここが×⇨ 炭水化物含有量はいんげん豆のほうが多い。(3) 一般的に餡の原料は小豆やいんげん豆。(4) はるさめの原料は、緑豆またはじゃがいもなど。

[14] (1) ★ここが×⇨ ヨーグルトは、牛乳などを乳酸菌または酵母で発酵させてつくる。

[15] (1) ★ここが×⇨ 乳児用食品は50ベクレル/kg。

[16] (3) ★ここが×⇨ 人体の構成成分で最も多いのは水。**補足** 水分60～70%、たんぱく質15～20%、脂質13～20%、ミネラル5～6%、糖質1%。

[17] (1) ★ここが×⇨ 分解にはビタミンB₁が必要。

[18] (4) ★ここが×⇨ (1) 約20種類のアミノ酸。(2) 体内で合成できないのは必須アミノ酸。(3) ヒトの必須アミノ酸はヒスチジンも含めると9種類。

[19] (4) ★ここが×⇨ アルギン酸や熟した果実のペクチンは水溶性繊維（未熟果のペクチンは不溶性繊維）。

[20] (4) ★ここが×⇨ 無機質は小腸や大腸で吸収される。

[21] (2) ★ここが×⇨ (1) 失われた水分を十分に補給する。(3) 香辛料などの刺激物は腸管を刺激し、下痢を悪化させる。(4) 甘みの強い食品は腸内で発酵しやすく、便をやわらかくする。

[22] (2) ★ここが×⇨ (1) 尿酸はプリン体。(3) LDLコレステロールは脂質。(4) ヘモグロビンは鉄。

[23] (4) ★ここが×⇨ (1) 30～31%となっている。(2) 男10.9g・女9.3g。(3) 野菜の摂取量は20歳代のほうが少ない。

[24] (3) ★ここが×⇨ (1) たんぱく質を付加する必要がある。(2) 脂肪エネルギー比率は20～30%。(4) 妊娠期には葉酸240μgの付加が推奨されている。

[25] (1) ★ここが×⇨ (2) 他にもホタテガイ、アサリなどがある。(3) 中腸腺に含まれている。(4) 中毒例は毎年報告されている。

[26] (1) ★ここが×⇨ ブドウ球菌食中毒は、毒素型食中毒。

[27] (4) ★ここが×⇨ きのこの毒成分は、ムスカリン、アマニタトキシン、アマトキシンなど。テトロドトキシンはフグの毒成分。

[28] (1) ★ここが×⇨ 細菌性食中毒で多いのはカンピロバクターやウエルシュ菌。

[29] (3) ★ここが×⇨ 衛生検査用に保存するのは、−20℃以下で2週間。

[30] (3) ★ここが×⇨ (1) サッカリンは甘味料。(2) ソルビン酸は保存料。(4) L-アスコルビン酸は酸化防止剤、強化剤。

[31] (1) ★ここが×⇨ (1) 野菜から感染するのは回虫、鉤虫。(2) トキソプラズマは豚肉から感染。(3) −20℃で48時間の冷凍貯蔵。

[32] (1) ★ここが×⇨ 中性洗剤は石けんより洗浄力が強い。

[33] (2) ★ここが×⇨ 下痢や嘔吐などの症状があるときは、調理に従事しない。

[34] (4) ★ここが×⇨ (1) 高温菌の至適発育温度は55℃以上。(2) 嫌気性菌は生育に酸素を必要としない。(3) 細菌の増殖には温度・水分・栄養が必要。

[35] (4) ★ここが×⇨ 賞味期限は生で安全に食べられる期限なので、過ぎたからといって廃棄の必要はない。加熱調理して食すことができる。

[36] (3) ★ここが×⇨ 魚は内臓、えら、うろこなどが付いていると傷みやすいので、取り除いて保存する。

[37] (2) ★ここが×⇨ 手や調理器具を介しての二次汚染があるので、食肉を切るのに使った包丁やまな板は使わない。

[38] (1) ★ここが×⇨ 大腸菌は検出されてはならないが、一般細菌は100個/mL以下となっている。

[39] (2) ★ここが×⇨ (1) 殺菌灯に使われる紫外線は人体にも影響がある。(3) 最低でも1年に1回は交換する。(4) 照射された表面のみに効果があるので、包丁・まな板などの殺菌には有効。

[40] (4) **補足** 五つの基本味は、甘味、酸味、塩味、苦味、うま味。

[41] (4) ★ここが×⇨ 豚脂の融点は低い。**補足** 融点とは、固体の物質が液体になるときの温度のこと。脂肪の融点は、牛が40～56℃、豚が28～48℃、バターが25～36℃。融点が35℃ぐらいより低いと口の中で溶け、高いと溶けない。

[42] (1) ★ここが×⇨ (2) ミディアムは、肉の中心部がピンク色で、外側が灰褐色。(3) ウエルダンは、肉の中心部も外側も灰褐色。(4) ミディアムレアは、レアより少し長く焼いたもの。

[43] (2) ★ここが×⇨ (1) 調味液は直前に混ぜる。早めに調味液と混ぜると、浸透圧の作用で水が出てきて水っぽくなる。(3) 二杯酢は、酢としょうゆを合わせたもの。(4) 魚介類は、塩をして余分な水気をとり、酢洗い・酢じめ・湯引きなどをして使う。

[44] (1) ★ここが×⇨ (1) は2時間。(2) は24時間。(3) は50～60分。**補足** いずれも水温20℃での場合。

[45] (1) **補足** 炊飯時の水分量は、米の容量の1.2倍、重量の1.4倍。

[46] (2) ★ここが×⇨ 大根は、米ぬかまたは米のとぎ汁を加えてゆでる。

[47] (4) ★ここが×⇨ (1) 凍ったまま煮る。(2) 解凍してから焼く。解凍の際は、冷蔵室で自然解凍がよい。(3) 魚に直接水があたらないように、袋に入れる。

[48] (4) ★ここが×⇨ (1) 食品の形を損なわない。(2) ゆでたり煮たりする加熱調理よりは損失が少ない。(3) 加熱温度は蒸気をいっぱいに充満させても100℃以下、蒸気を逃がすと85～90℃。

[49] (4) ★ここが×⇨ (1)、(3) は間接加熱。(4) は間接加熱で、熱媒体として水を用いる湿式加熱。

[50] (4) ★ここが×⇨ 乾物の浸漬操作の目的。

[51] (1) ★ここが×⇨ (1) 繊維に直角に切って加熱すると軟化しやすい。(3) 加熱時のビタミンやうま味の損失が大きい。(4) 刺身は引き切りがよい。

[52] (1) ★ここが×⇨ (2) 熱湯の中をくぐらせる。(3) 薄くそぎ切りにして、冷水にさらすか氷水で冷やす。(4) 魚の表面に熱湯をかけてから冷水で冷やす。

[53] (1) ★ここが×⇨ ほうれん草の緑色の色素はクロロフィル。**補足** (2) えびをゆでると鮮やかな赤色になる色素は、アスタキサンチンというカロテノイド色素の一種。(3) かぼちゃの橙色はカロテノイド色素。(4) トマトの色素は、リコペンというカロテノイド色素の一種。

[54] (3) ★ここが×⇨ (1) 最も調理損失が激しいのはビタミンC。(2) 煮る、ゆでるなどで約40～80%の調理損失（時間の長さで大きく異なる）。(4) 蒸す、焼くなどで10～30%損失なので、煮る操作のほうが損失が多い。

[55] (4) **補足** わかめは緑色のクロロフィルのほかに、フコキサンチンなどの赤色系色素を含むため褐色をしているが、フコキサンチンは75℃で緑変しクロロフィルが安定化し鮮やかな緑色となる。

[56] (3) ★ここが×⇨ (1) 牛乳のたんぱく質は大部分がカゼインであり、酸により凝固する。(2) 加熱により皮膜を生じるのはラムスデン現象という。ラクトグロブリンというたんぱく質の熱変性。(4) 牛乳中のコロイドには脱臭効果がある。

[57] (1) **補足** 青菜を茹でるとき1%の食塩水または0.2%重曹水を沸騰させた中で、蓋をしないでなるべく短時間ゆでて、ただちに冷水にとり、急冷するとよい。

[58] (4) ★ここが×⇨ 卓袱料理は、江戸時代に誕生。オランダ料理と唐料理とを折衷したもので、長崎名物。

[59] (2) ★ここが×⇨ (1) 石狩鍋は鮭。(3) 船場汁はさば。(4) 明石焼きはたこ。**補足** (1) は北海道、(2) は東京、(3) は大阪、(4) は兵庫の郷土料理。

[60] (2) ★ここが×⇨ (1) イスラム教は豚肉と死んだ獣の肉、血液が禁忌。(3) 儒教は特に禁忌はない。(4) ヒンズー教は、牛肉、殺生による動物の肉が禁忌。**補足** ユダヤ教の食物禁忌は、他にも豚肉、らくだ肉、かも・はと・鶏を除く鳥類がある。

解 答 用 紙

第 回

公衆衛生学	食 品 学	栄 養 学	食品衛生学	調 理 理 論	食文化概論
1 ①②③④	10 ①②③④	16 ①②③④	25 ①②③④	40 ①②③④　　55 ①②③④	58 ①②③④
2 ①②③④	11 ①②③④	17 ①②③④	26 ①②③④	41 ①②③④　　56 ①②③④	59 ①②③④
3 ①②③④	12 ①②③④	18 ①②③④	27 ①②③④	42 ①②③④　　57 ①②③④	60 ①②③④
4 ①②③④	13 ①②③④	19 ①②③④	28 ①②③④	43 ①②③④	
5 ①②③④	14 ①②③④	20 ①②③④	29 ①②③④	44 ①②③④	
6 ①②③④	15 ①②③④	21 ①②③④	30 ①②③④	45 ①②③④	
7 ①②③④		22 ①②③④	31 ①②③④	46 ①②③④	
8 ①②③④		23 ①②③④	32 ①②③④	47 ①②③④	
9 ①②③④		24 ①②③④	33 ①②③④	48 ①②③④	
			34 ①②③④	49 ①②③④	
			35 ①②③④	50 ①②③④	
			36 ①②③④	51 ①②③④	
			37 ①②③④	52 ①②③④	
			38 ①②③④	53 ①②③④	
			39 ①②③④	54 ①②③④	

（注）必ず円内を黒く塗りつぶすこと　●

第 回

公衆衛生学	食 品 学	栄 養 学	食品衛生学	調 理 理 論	食文化概論
1 ①②③④	10 ①②③④	16 ①②③④	25 ①②③④	40 ①②③④　　55 ①②③④	58 ①②③④
2 ①②③④	11 ①②③④	17 ①②③④	26 ①②③④	41 ①②③④　　56 ①②③④	59 ①②③④
3 ①②③④	12 ①②③④	18 ①②③④	27 ①②③④	42 ①②③④　　57 ①②③④	60 ①②③④
4 ①②③④	13 ①②③④	19 ①②③④	28 ①②③④	43 ①②③④	
5 ①②③④	14 ①②③④	20 ①②③④	29 ①②③④	44 ①②③④	
6 ①②③④	15 ①②③④	21 ①②③④	30 ①②③④	45 ①②③④	
7 ①②③④		22 ①②③④	31 ①②③④	46 ①②③④	
8 ①②③④		23 ①②③④	32 ①②③④	47 ①②③④	
9 ①②③④		24 ①②③④	33 ①②③④	48 ①②③④	
			34 ①②③④	49 ①②③④	
			35 ①②③④	50 ①②③④	
			36 ①②③④	51 ①②③④	
			37 ①②③④	52 ①②③④	
			38 ①②③④	53 ①②③④	
			39 ①②③④	54 ①②③④	

（注）必ず円内を黒く塗りつぶすこと　●

第 回

公衆衛生学	食 品 学	栄 養 学	食品衛生学	調 理 理 論	食文化概論
1 ①②③④	10 ①②③④	16 ①②③④	25 ①②③④	40 ①②③④　　55 ①②③④	58 ①②③④
2 ①②③④	11 ①②③④	17 ①②③④	26 ①②③④	41 ①②③④　　56 ①②③④	59 ①②③④
3 ①②③④	12 ①②③④	18 ①②③④	27 ①②③④	42 ①②③④　　57 ①②③④	60 ①②③④
4 ①②③④	13 ①②③④	19 ①②③④	28 ①②③④	43 ①②③④	
5 ①②③④	14 ①②③④	20 ①②③④	29 ①②③④	44 ①②③④	
6 ①②③④	15 ①②③④	21 ①②③④	30 ①②③④	45 ①②③④	
7 ①②③④		22 ①②③④	31 ①②③④	46 ①②③④	
8 ①②③④		23 ①②③④	32 ①②③④	47 ①②③④	
9 ①②③④		24 ①②③④	33 ①②③④	48 ①②③④	
			34 ①②③④	49 ①②③④	
			35 ①②③④	50 ①②③④	
			36 ①②③④	51 ①②③④	
			37 ①②③④	52 ①②③④	
			38 ①②③④	53 ①②③④	
			39 ①②③④	54 ①②③④	

（注）必ず円内を黒く塗りつぶすこと　●

第一回

公衆衛生学	食品学	栄養学	食品衛生学	調理理論		食文化概論
1 ①②③④	10 ①②③④	16 ①②③④	25 ①②③④	40 ①②③④	55 ①②③④	58 ①②③④
2 ①②③④	11 ①②③④	17 ①②③④	26 ①②③④	41 ①②③④	56 ①②③④	59 ①②③④
3 ①②③④	12 ①②③④	18 ①②③④	27 ①②③④	42 ①②③④	57 ①②③④	60 ①②③④
4 ①②③④	13 ①②③④	19 ①②③④	28 ①②③④	43 ①②③④		
5 ①②③④	14 ①②③④	20 ①②③④	29 ①②③④	44 ①②③④		
6 ①②③④	15 ①②③④	21 ①②③④	30 ①②③④	45 ①②③④		
7 ①②③④		22 ①②③④	31 ①②③④	46 ①②③④		
8 ①②③④		23 ①②③④	32 ①②③④	47 ①②③④		
9 ①②③④		24 ①②③④	33 ①②③④	48 ①②③④		
			34 ①②③④	49 ①②③④		
			35 ①②③④	50 ①②③④		
			36 ①②③④	51 ①②③④		
			37 ①②③④	52 ①②③④		
			38 ①②③④	53 ①②③④		
			39 ①②③④	54 ①②③④		

（注）必ず円内を黒く塗りつぶすこと ●

第二回

公衆衛生学	食品学	栄養学	食品衛生学	調理理論		食文化概論
1 ①②③④	10 ①②③④	16 ①②③④	25 ①②③④	40 ①②③④	55 ①②③④	58 ①②③④
2 ①②③④	11 ①②③④	17 ①②③④	26 ①②③④	41 ①②③④	56 ①②③④	59 ①②③④
3 ①②③④	12 ①②③④	18 ①②③④	27 ①②③④	42 ①②③④	57 ①②③④	60 ①②③④
4 ①②③④	13 ①②③④	19 ①②③④	28 ①②③④	43 ①②③④		
5 ①②③④	14 ①②③④	20 ①②③④	29 ①②③④	44 ①②③④		
6 ①②③④	15 ①②③④	21 ①②③④	30 ①②③④	45 ①②③④		
7 ①②③④		22 ①②③④	31 ①②③④	46 ①②③④		
8 ①②③④		23 ①②③④	32 ①②③④	47 ①②③④		
9 ①②③④		24 ①②③④	33 ①②③④	48 ①②③④		
			34 ①②③④	49 ①②③④		
			35 ①②③④	50 ①②③④		
			36 ①②③④	51 ①②③④		
			37 ①②③④	52 ①②③④		
			38 ①②③④	53 ①②③④		
			39 ①②③④	54 ①②③④		

（注）必ず円内を黒く塗りつぶすこと ●

第三回

公衆衛生学	食品学	栄養学	食品衛生学	調理理論		食文化概論
1 ①②③④	10 ①②③④	16 ①②③④	25 ①②③④	40 ①②③④	55 ①②③④	58 ①②③④
2 ①②③④	11 ①②③④	17 ①②③④	26 ①②③④	41 ①②③④	56 ①②③④	59 ①②③④
3 ①②③④	12 ①②③④	18 ①②③④	27 ①②③④	42 ①②③④	57 ①②③④	60 ①②③④
4 ①②③④	13 ①②③④	19 ①②③④	28 ①②③④	43 ①②③④		
5 ①②③④	14 ①②③④	20 ①②③④	29 ①②③④	44 ①②③④		
6 ①②③④	15 ①②③④	21 ①②③④	30 ①②③④	45 ①②③④		
7 ①②③④		22 ①②③④	31 ①②③④	46 ①②③④		
8 ①②③④		23 ①②③④	32 ①②③④	47 ①②③④		
9 ①②③④		24 ①②③④	33 ①②③④	48 ①②③④		
			34 ①②③④	49 ①②③④		
			35 ①②③④	50 ①②③④		
			36 ①②③④	51 ①②③④		
			37 ①②③④	52 ①②③④		
			38 ①②③④	53 ①②③④		
			39 ①②③④	54 ①②③④		

（注）必ず円内を黒く塗りつぶすこと ●

第一回

公衆衛生学	食品学	栄養学	食品衛生学	調理理論	食文化概論
1 ①②③④	10 ①②③④	16 ①②③④	25 ①②③④ / 40 ①②③④	55 ①②③④	58 ①②③④
2 ①②③④	11 ①②③④	17 ①②③④	26 ①②③④ / 41 ①②③④	56 ①②③④	59 ①②③④
3 ①②③④	12 ①②③④	18 ①②③④	27 ①②③④ / 42 ①②③④	57 ①②③④	60 ①②③④
4 ①②③④	13 ①②③④	19 ①②③④	28 ①②③④ / 43 ①②③④		
5 ①②③④	14 ①②③④	20 ①②③④	29 ①②③④ / 44 ①②③④		
6 ①②③④	15 ①②③④	21 ①②③④	30 ①②③④ / 45 ①②③④		
7 ①②③④		22 ①②③④	31 ①②③④ / 46 ①②③④		
8 ①②③④		23 ①②③④	32 ①②③④ / 47 ①②③④		
9 ①②③④		24 ①②③④	33 ①②③④ / 48 ①②③④		
			34 ①②③④ / 49 ①②③④		
			35 ①②③④ / 50 ①②③④		
			36 ①②③④ / 51 ①②③④		
			37 ①②③④ / 52 ①②③④		
			38 ①②③④ / 53 ①②③④		
			39 ①②③④ / 54 ①②③④		

（注）必ず円内を黒く塗りつぶすこと ●

第二回

公衆衛生学	食品学	栄養学	食品衛生学	調理理論	食文化概論
1 ①②③④	10 ①②③④	16 ①②③④	25 ①②③④ / 40 ①②③④	55 ①②③④	58 ①②③④
2 ①②③④	11 ①②③④	17 ①②③④	26 ①②③④ / 41 ①②③④	56 ①②③④	59 ①②③④
3 ①②③④	12 ①②③④	18 ①②③④	27 ①②③④ / 42 ①②③④	57 ①②③④	60 ①②③④
4 ①②③④	13 ①②③④	19 ①②③④	28 ①②③④ / 43 ①②③④		
5 ①②③④	14 ①②③④	20 ①②③④	29 ①②③④ / 44 ①②③④		
6 ①②③④	15 ①②③④	21 ①②③④	30 ①②③④ / 45 ①②③④		
7 ①②③④		22 ①②③④	31 ①②③④ / 46 ①②③④		
8 ①②③④		23 ①②③④	32 ①②③④ / 47 ①②③④		
9 ①②③④		24 ①②③④	33 ①②③④ / 48 ①②③④		
			34 ①②③④ / 49 ①②③④		
			35 ①②③④ / 50 ①②③④		
			36 ①②③④ / 51 ①②③④		
			37 ①②③④ / 52 ①②③④		
			38 ①②③④ / 53 ①②③④		
			39 ①②③④ / 54 ①②③④		

（注）必ず円内を黒く塗りつぶすこと ●

第三回

公衆衛生学	食品学	栄養学	食品衛生学	調理理論	食文化概論
1 ①②③④	10 ①②③④	16 ①②③④	25 ①②③④ / 40 ①②③④	55 ①②③④	58 ①②③④
2 ①②③④	11 ①②③④	17 ①②③④	26 ①②③④ / 41 ①②③④	56 ①②③④	59 ①②③④
3 ①②③④	12 ①②③④	18 ①②③④	27 ①②③④ / 42 ①②③④	57 ①②③④	60 ①②③④
4 ①②③④	13 ①②③④	19 ①②③④	28 ①②③④ / 43 ①②③④		
5 ①②③④	14 ①②③④	20 ①②③④	29 ①②③④ / 44 ①②③④		
6 ①②③④	15 ①②③④	21 ①②③④	30 ①②③④ / 45 ①②③④		
7 ①②③④		22 ①②③④	31 ①②③④ / 46 ①②③④		
8 ①②③④		23 ①②③④	32 ①②③④ / 47 ①②③④		
9 ①②③④		24 ①②③④	33 ①②③④ / 48 ①②③④		
			34 ①②③④ / 49 ①②③④		
			35 ①②③④ / 50 ①②③④		
			36 ①②③④ / 51 ①②③④		
			37 ①②③④ / 52 ①②③④		
			38 ①②③④ / 53 ①②③④		
			39 ①②③④ / 54 ①②③④		

（注）必ず円内を黒く塗りつぶすこと ●

第回

公衆衛生学	食品学	栄養学	食品衛生学	調理理論		食文化概論
1 ①②③④	10 ①②③④	16 ①②③④	25 ①②③④	40 ①②③④	55 ①②③④	58 ①②③④
2 ①②③④	11 ①②③④	17 ①②③④	26 ①②③④	41 ①②③④	56 ①②③④	59 ①②③④
3 ①②③④	12 ①②③④	18 ①②③④	27 ①②③④	42 ①②③④	57 ①②③④	60 ①②③④
4 ①②③④	13 ①②③④	19 ①②③④	28 ①②③④	43 ①②③④		
5 ①②③④	14 ①②③④	20 ①②③④	29 ①②③④	44 ①②③④		
6 ①②③④	15 ①②③④	21 ①②③④	30 ①②③④	45 ①②③④		
7 ①②③④		22 ①②③④	31 ①②③④	46 ①②③④		
8 ①②③④		23 ①②③④	32 ①②③④	47 ①②③④		
9 ①②③④		24 ①②③④	33 ①②③④	48 ①②③④		
			34 ①②③④	49 ①②③④		
			35 ①②③④	50 ①②③④		
			36 ①②③④	51 ①②③④		
			37 ①②③④	52 ①②③④		
			38 ①②③④	53 ①②③④		
			39 ①②③④	54 ①②③④		

（注）必ず円内を黒く塗りつぶすこと　●

第回

公衆衛生学	食品学	栄養学	食品衛生学	調理理論		食文化概論
1 ①②③④	10 ①②③④	16 ①②③④	25 ①②③④	40 ①②③④	55 ①②③④	58 ①②③④
2 ①②③④	11 ①②③④	17 ①②③④	26 ①②③④	41 ①②③④	56 ①②③④	59 ①②③④
3 ①②③④	12 ①②③④	18 ①②③④	27 ①②③④	42 ①②③④	57 ①②③④	60 ①②③④
4 ①②③④	13 ①②③④	19 ①②③④	28 ①②③④	43 ①②③④		
5 ①②③④	14 ①②③④	20 ①②③④	29 ①②③④	44 ①②③④		
6 ①②③④	15 ①②③④	21 ①②③④	30 ①②③④	45 ①②③④		
7 ①②③④		22 ①②③④	31 ①②③④	46 ①②③④		
8 ①②③④		23 ①②③④	32 ①②③④	47 ①②③④		
9 ①②③④		24 ①②③④	33 ①②③④	48 ①②③④		
			34 ①②③④	49 ①②③④		
			35 ①②③④	50 ①②③④		
			36 ①②③④	51 ①②③④		
			37 ①②③④	52 ①②③④		
			38 ①②③④	53 ①②③④		
			39 ①②③④	54 ①②③④		

（注）必ず円内を黒く塗りつぶすこと　●

第回

公衆衛生学	食品学	栄養学	食品衛生学	調理理論		食文化概論
1 ①②③④	10 ①②③④	16 ①②③④	25 ①②③④	40 ①②③④	55 ①②③④	58 ①②③④
2 ①②③④	11 ①②③④	17 ①②③④	26 ①②③④	41 ①②③④	56 ①②③④	59 ①②③④
3 ①②③④	12 ①②③④	18 ①②③④	27 ①②③④	42 ①②③④	57 ①②③④	60 ①②③④
4 ①②③④	13 ①②③④	19 ①②③④	28 ①②③④	43 ①②③④		
5 ①②③④	14 ①②③④	20 ①②③④	29 ①②③④	44 ①②③④		
6 ①②③④	15 ①②③④	21 ①②③④	30 ①②③④	45 ①②③④		
7 ①②③④		22 ①②③④	31 ①②③④	46 ①②③④		
8 ①②③④		23 ①②③④	32 ①②③④	47 ①②③④		
9 ①②③④		24 ①②③④	33 ①②③④	48 ①②③④		
			34 ①②③④	49 ①②③④		
			35 ①②③④	50 ①②③④		
			36 ①②③④	51 ①②③④		
			37 ①②③④	52 ①②③④		
			38 ①②③④	53 ①②③④		
			39 ①②③④	54 ①②③④		

（注）必ず円内を黒く塗りつぶすこと　●